## Λίγα λόγια για τη συγγραφέα

Η Σωτηρία Δημοπούλου, με σπουδές στην Ιστορία και Αρχαιολογία και κάτοχος διδακτορικού τίτλου στην Κλασική Αρχαιολογία στο Πανεπιστήμιο του Μύνστερ, έχει πολυετή διδακτική εμπειρία στη διδασκαλία της Αρχαίας και Νεοελληνικής Γλώσσας αλλά και Λατινικών τόσο σε τελειόφοιτους ελληνικών σχολείων στην Ελλάδα και στη Γερμανία, όσο και σε μαθήτριες και μαθητές τμημάτων της ελληνικής ως γλώσσας καταγωγής. Τα τελευταία δεκαπέντε χρόνια εργάζεται ως εκπαιδευτικός σε τμήματα της ελληνικής ως γλώσσας καταγωγής σε σχολεία της Βόρειας Ρηνανίας Βεστφαλίας. Έχει συμμετάσχει σε αρχαιολογικά συνέδρια και έχει δημοσιεύσει πολλά επιστημονικά άρθρα.


## Zur Autorin

Sotiria Dimopoulou studierte Geschichte und Archäologie in Griechenland und promovierte in Klassischer Archäologie an der Universität Münster. Sie verfügt über langjährige Lehrerfahrung im Alt- Neugriechisch Unterricht und Latein sowohl für Oberstufenschüler*innen der griechischen Schulen in Griechenland und Deutschland als auch für Schüler*innen mit Griechisch als Herkunftssprache. Seit fünfzehn Jahren ist sie als Lehrerin im Bereich Herkunftssprache in Nordrhein-Westfalen tätig. Sie hat an archäologischen Konferenzen teilgenommen und mehrere wissenschaftliche Artikel veröffentlicht.

Sotiria Dimopoulou

# Griechisch als Herkunftssprache

## für die 7. u. 8. Klasse

## Themen und Übungen

## Impressum

Bibliografische Information der Deutschen Nationalbibliothek: Die Deutsche Nationalbibliothek verzeichnet diese Publikation in der Deutschen Nationalbibliografie; detaillierte bibliografische Daten sind im Internet über dnb.dnb.de abrufbar.

Die automatisierte Analyse des Werkes, um daraus Informationen insbesondere über Muster, Trends und Korrelationen gemäß §44b UrhG („Text und Data Mining") zu gewinnen, ist untersagt.

Coverdesign von: Ilias Georgiadis
Satz & Layout: Ilias Georgiadis

Verlag: BoD · Books on Demand GmbH, In de Tarpen 42, 22848 Norderstedt, bod@bod.de

Druck: Libri Plureos GmbH, Friedensallee 273, 22763 Hamburg

ISBN: 978-3-7693-0276-9

## Πρόλογος

Το εγχειρίδιο αυτό αποτελεί μία προσπάθεια συγγραφής θεμάτων κατάλληλα επεξεργασμένων για την εκμάθηση της ελληνικής ως μητρικής γλώσσας. Απευθύνεται στη/στο μαθήτρια/μαθητή της 7ης αλλά και 8ης τάξης του γερμανικού σχολείου που παρακολουθεί τακτικά τα μαθήματα της μητρικής γλώσσας και προσαρμόζεται στο ανάλογο μαθησιακό επίπεδο. Συμβάλλει στην επαφή με τη σωστή σύνταξη ενός εκθεσιακού κειμένου, ώστε να υπάρξει ομαλή μετάβαση στο εγχειρίδιο της ίδιας σειράς της 10ης τάξης για τις εξετάσεις πιστοποίησης.

Συμβαδίζει με το πρόγραμμα σπουδών και τις κατευθυντήριες θεματικές του Υπουργείου Παιδείας της Ρηνανίας - Βεστφαλίας. Οι ενότητες περιλαμβάνουν κείμενα για επεξεργασία σε απλή και κατανοητή γλώσσα, ενίοτε εικόνες για περιγραφή, καθώς και συντακτικούς και γραμματικούς κανόνες με ασκήσεις για εμπέδωση, αλλά και θέματα παραγωγής λόγου και διαθεματικής εργασίας. Το εγχειρίδιο αυτό στοχεύει να καλύψει μια συγκεκριμένη θεματολογία, - όσο καθίσταται δυνατό -, και να βοηθήσει την/τον εκπαιδευτικό αλλά και τους διδασκόμενους στο έργο τους. Τις ευχαριστίες μου οφείλω και πάλι στο σύζυγό μου Ηλία Γεωργιάδη για την επεξεργασία του εξωφύλλου και των εικόνων. Εύχομαι σε όλες και όλους καλή σχολική χρονιά και καλή μελέτη.

Η συγγραφέας
Σωτηρία Δημοπούλου

# Περιεχόμενα

# 1ⁿ Ενότητα

## Οικογενειακοί δεσμοί – Η οικογένειά μου

Στην ενότητα αυτήν θα μάθεις ή και θα θυμηθείς:

√ **Γιατί** η οικογένεια είναι σημαντική

√ **Να** μιλάς για τη δική σου οικογένεια

√ **Ότι** οικογένειες υπάρχουν και στο ζωικό βασίλειο

√ **Να** περιγράφεις εικόνες

√ **Να** κάνεις διάλογο

√ **Να** σχηματίζεις διάφορες προτάσεις

√ **Να** κλίνεις αρσενικά ισοσύλλαβα ουσιαστικά

√ **Τη** διαφορά του **ο** από το **ω**

# Κείμενο

## Μα τι οικογένεια είναι αυτή;

Αγαπημένε μου φίλε Χάρη,

ελπίζω να είσαι καλά. Έχουμε πολλές μέρες να τα πούμε και η αλήθεια είναι πως μου έλειψε η παρέα σου από τη μέρα που έφυγες και γύρισες στη Γερμανία. Πώς είναι ο καιρός σε σας; Εδώ έχουμε πραγματικά πολλή ζέστη και μόνο στην παραλία μπορεί κανείς να βρει δροσιά ή με έναν ανεμιστήρα και κλιματιστικό.

Τα νέα μου είναι λίγο πολύ τα ίδια.. όπως τα ξέρεις συνήθως. Ζω σε μία περίεργη οικογένεια, όπου ο καθένας κάνει αυτό που θέλει. Να, τις προάλλες ψάχναμε την αδερφή μου και ούτε καν μας είχε πει πως θα πήγαινε να κοιμηθεί στη φίλη της. Η μαμά μου, όπως καταλαβαίνεις, τρελάθηκε από την αγωνία της! Τελικά μας τηλεφώνησε και, αφού τη μάλωσε και ο μπαμπάς, μας υποσχέθηκε πως δε θα το ξανακάνει. Πάλι καλά δε λες;

Από την άλλη πάλι, ο μεγάλος μου αδερφός ο Αποστόλης θέλει να φύγει από το σπίτι και να νοικιάσει μόνος του ένα διαμέρισμα με τη φίλη του. Δε φαντάζεσαι τι έγινε εδώ μέσα! Φωνές, απειλές, καβγάδες... δε μου άρεσε καθόλου αυτή η ατμόσφαιρα μέσα στο σπίτι, αλλά τελικά μετά από πολλές συζητήσεις, αποφάσισε ο αδερφός μου να μείνει στο σπίτι μέχρι να βρει μία σταθερή δουλειά και να μπορέσει να πληρώνει τα έξοδά του.

Η αλήθεια είναι πως δεν καταλαβαίνω αυτά που κάνουν τα αδέρφια μου, αλλά στο τέλος βλέπω πως με τη συζήτηση όλα λύνονται. Ο καθένας βέβαια έχει το δικό του χαρακτήρα και τα δικά του προβλήματα, αλλά σε μία οικογένεια πρέπει να υπάρχει κατανόηση, δε νομίζεις; Δε θα ήθελα άλλους γονείς και άλλα αδέρφια. Τους αγαπώ πολύ και είναι πολύ καλοί μαζί μου, και ας τσακωνόμαστε κάποιες φορές για ψιλοπράγματα.

Χαίρομαι πολύ που θα ανοίξουν τα σχολεία σε λίγες μέρες και θα βρω τους φίλους μου, τους συμμαθητές και καθηγητές μου. Γράψε μου κι εσύ τα νέα σου. Θα χαρώ πολύ να μιλήσουμε και τηλεφωνικώς.

Χαιρετισμούς,

Ο φίλος σου
Στέφανος

(επιμέλεια κειμένου, Σ. Δημοπούλου)

**Ερωτήσεις**

1. Ποια προβλήματα στην οικογένειά του περιγράφει ο Στέφανος στο φίλο του Χάρη;
2. Γιατί, παρόλα αυτά, δε θα άλλαζε την οικογένειά του;
3. Ποια πιστεύετε πως είναι τα σημαντικότερα προβλήματα που συνήθως αντιμετωπίζει μία οικογένεια;

## Κείμενο

### Ο παππούς και το εγγονάκι

Ο παππούς είχε γεράσει πολύ. Τα πόδια του δεν τον πήγαιναν, τα μάτια του δεν έβλεπαν, τ' αυτιά του δεν άκουγαν. Δόντια δεν είχε. Κι όταν έτρωγε, του χυνόταν το φαγητό. Ο γιος του και η νύφη του δεν τον έβαζαν πια μαζί τους στο τραπέζι, αλλά του 'διναν να φάει πάνω στη μεγάλη χτιστή χωριάτικη θερμάστρα όπου πλάγιαζε.

Κάποτε που του βάλανε να φάει στο πήλινο πιάτο, του ξέφυγε από τα χέρια, έπεσε κι έσπασε. Η νύφη του άρχισε τότε να τον μαλώνει πως όλα τα χαλάει στο σπίτι και σπάει τα πιάτα. Τέλος του είπε πως αποδώ και πέρα θα του 'διναν να τρώει στην ξύλινη γαβάθα. Ο παππούς αναστέναξε μόνο και δεν είπε τίποτα.

Μια μέρα ο άντρας με τη γυναίκα του παρακολουθούσαν που ο γιος τους μαστόρευε κάτι σκαλίζοντας ένα μικρό κούτσουρο. Ο πατέρας λοιπόν τον ρώτησε:

«Τι φτιάχνεις εκεί, Μίσα;».

Κι ο Μίσα απαντά:

«Φτιάχνω μια μεγάλη γαβάθα, πατερούλη. Όταν εσύ κι η μάνα μου γεράσετε, θα σας ταΐζω σ' αυτήν τη γαβάθα».

Ο άντρας κι η γυναίκα του κοιτάχτηκαν και δάκρυσαν. Νιώσανε ντροπή που είχαν προσβάλει τον παππού. Κι από τότε τον βάλανε να τρώει μαζί τους στο τραπέζι και τον πρόσεχαν όπως πρέπει. (Λέων Τολστόι, *Διηγήματα, μύθοι και παραμύθια*, μτφρ. Π. Ανταίος, Ωκεανίδα)

## Ερωτήσεις

1. Ποια είναι η συμπεριφορά των γονιών του Μίσα στο γέρο παππού του;

2. Τι τους έκανε να αλλάξουν γνώμη;

3. Πιστεύεις πως κάτι τέτοιο θα μπορούσε να συμβεί και στη σημερινή οικογένεια, ή πρόκειται μόνο για παραμύθι; Αν ήσουν στη θέση του Μίσα πώς θα αντιδρούσες;

## Κείμενο

### Ένας φυσιολογικός καβγάς

*Μία κατά τα άλλα συνηθισμένη μέρα σε μία κανονική οικογένεια, η Άννα και η Χριστίνα καβγαδίζουν για τα ρούχα που θα φορέσουν στη βόλτα με τις φίλες τους.*

- Άννα: Χριστίνα, μήπως είδες το κίτρινο μπλουζάκι μου;
- Χριστίνα: Νομίζω είναι στο καλάθι με τα άπλυτα... ξέρεις, το φόρεσα προχθές και το λέρωσα με παγωτό..
- Άννα: Πάλι το φόρεσες χωρίς να με ρωτήσεις; Μα γιατί το κάνεις αυτό; Είσαι τόσο ξεροκέφαλη! Κάνεις πάντα του κεφαλιού σου!
- Χριστίνα: Εμένα λες ξεροκέφαλη, ενώ εσύ τις προάλλες φόρεσες τα καλά μου πέδιλα και μάλιστα κρυφά. Δεν είσαι καλύτερη...
- Άννα: Άλλη φορά θα σε παρακαλούσα να με ρωτάς προτού αποφασίσεις να πάρεις κάτι δικό μου.
- Χριστίνα: Και εσύ το ίδιο.

- Άννα: Ωραία. Ας συμφωνήσουμε σε αυτό τουλάχιστον. Πάμε τώρα να ετοιμαστούμε, γιατί αργήσαμε.

- Χριστίνα: Πάμε.. και…συγγνώμη.

(επιμέλεια κειμένου, Σ. Δημοπούλου)

**Εργασία**

1. Να γράψετε έναν δικό σας διάλογο είτε πραγματικό είτε φανταστικό με την/τον αδερφή/αδερφό σας ή τη φίλη/το φίλο σας και να τον παρουσιάσετε στην τάξη.

2. Με μία συμμαθήτρια ή έναν συμμαθητή σας, κάντε έναν διάλογο μέσα στην τάξη χωρίς να τον έχετε προετοιμάσει.

3. Δώστε έναν άλλον τίτλο στο διάλογο.

4. Προσπαθήστε να ξαναγράψετε τον παραπάνω διάλογο σε πλάγιο λόγο, μεταφέροντας τα λόγια των δύο κοριτσιών σε τρίτο πρόσωπο.

## Περιγραφή εικόνων

Οικογένειες και…. οικογένειες

(πηγή εικόνων, www.pixabay.com)

1. Με βάση τις παρακάτω λέξεις, να περιγράψετε τις εικόνες σε μία μικρή παράγραφο. Μπορείτε να προσθέσετε και δικό σας λεξιλόγιο:

οικογένεια, ζώα, προϊστορικός άνθρωπος, αγάπη, βλέπω, παρατηρώ, φαίνεται, διακρίνω, πίσω μέρος, περιβάλλον, φύση, λίμνη, βουνό, ζούγκλα, προστασία.

2. Παρουσιάστε μέσα στην τάξη δικές σας φωτογραφίες, ή ζωγραφίστε μία οικογένεια που αποτελείται από ζώα ή πουλιά της αρεσκείας σας.

# Σύνταξη

√ Η πρόταση είναι ο τρόπος και το μέσο που εκφραζόμαστε, προκειμένου να μιλήσουμε, να εκφράσουμε μια άποψη, να περιγράψουμε, κλπ..

√ Οι προτάσεις μπορεί να εκφράζουν αναλόγως με το περιεχόμενο ή τα σημεία στίξης τους,

α. θαυμασμό

β. απορία - ερώτηση

γ. προτροπή

δ. προσταγή

ε. γνώμη

στ. παράκληση

# Ασκήσεις

1. Να βρείτε τι εκφράζουν οι παρακάτω προτάσεις:

| | |
|---|---|
| 1. Μπορείς να φύγεις σε παρακαλώ; | α. γνώμη |
| 2. Έλα αμέσως εδώ! | β. προτροπή |
| 3. Πιστεύω πως έχει δίκιο. | γ. παράκληση |
| 4. Σήμερα είσαι πολύ όμορφη! | δ. προσταγή |
| 5. Ας περπατήσουμε λίγο ακόμη. | ε. θαυμασμός |

2. Να γράψετε δικές σας προτάσεις που να εκφράζουν κάθε φορά και διαφορετικό σκοπό.

3. Να βρείτε προτάσεις από το πρώτο κείμενο και να δηλώσετε τη σημασία τους.

## Γραμματική

Θυμάμαι την κλίση των ουσιαστικών!

Τα ουσιαστικά χωρίζονται σε τρεις κατηγορίες, τις κλίσεις, οι οποίες συνδέονται με τα τρία διαφορετικά γένη και τέσσερις πτώσεις (Ονομαστική, Γενική, Αιτιατική, Κλητική). Έτσι, έχουμε την **κλίση** των **αρσενικών**, την κλίση των **θηλυκών** και την κλίση των **ουδετέρων.** Τα ουσιαστικά διακρίνονται σε σχέση με τον αριθμό των συλλαβών σε **ισοσύλλαβα** και **ανισοσύλλαβα**. Ισοσύλλαβα είναι όσα έχουν τον ίδιο αριθμό συλλαβών σε πτώσεις του ενικού και του πληθυντικού, ενώ ανισοσύλλαβα όσα δεν έχουν τον ίδιο αριθμό συλλαβών στον πληθυντικό.

Ενικός                                     Πληθυντικός

| | | | |
|---|---|---|---|
| ο | δάσκαλ-ος | οι | δάσκαλ-οι |
| του | δασκάλ-ου | των | δασκάλ-ων |
| τον | δάσκαλ-ο | τους | δασκάλ-ους |
| | δάσκαλ-ε | | δάσκαλ-οι |

## Ασκήσεις

1. Να κλίνετε τα παρακάτω ουσιαστικά σε ενικό και πληθυντικό με βάση τον παραπάνω πίνακα: ναυτικός, τοίχος, ποταμός, αρχηγός, φόρος, κήπος.

2. Να συμπληρώσετε σωστά τα παρακάτω ουσιαστικά:

Κάποτε σε ένα μικρό χωριό ζούσε ένας σπουδαίος ............ (γιατρός). Όλοι οι ............... (κάτοικος) του χωριού τον φώναζαν να τους γιατρέψει. Μια μέρα λοιπόν στο καφενείο, ενώ ο ........ (γιατρός) έπινε τον ........ (χυμός) του, του λέει κάποιος, γνωστός σε όλους ως «κατά φαντασίαν» ασθενής: «......... (γιατρός) μου, πονάω παντού! Κάνε με καλά σε παρακαλώ»! Τότε ο ............. (γιατρός) που κατάλαβε ότι δεν είχε τίποτε, του απάντησε. «Πήγαινε .............(άνθρωπος) μου στο σπίτι σου! Είσαι μια χαρά! Όλα είναι στη φαντασία σου». Τότε ο ............ (πρόεδρος) του χωριού που καθόταν στο καφενείο γέλασε και είπε και στους δύο. «Ελάτε να σας κεράσω δύο ακόμη ............... (χυμός) να μου κάνετε και παρέα»!

## Ορθογραφία

Να βάλετε τα **ο, ω**, στα παρακάτω και να εντοπίσετε μόνοι σας τις διαφορές: παγωτ....., κρατ....., αγαπ....., φυτ....., μυρίζ....., επάν...., κάτ...., πίσ..., βλέπ......, παρατηρ......, (το) βάζ....., (εγώ) βάζ......, αλλάζ....., ποτ..., ζαχαροπλαστεί......

## Παραγωγή γραπτού λόγου

Να γράψετε ένα γράμμα ή ένα mail σε έναν φίλο ή μία φίλη σας, στο οποίο θα περιγράψετε την οικογένειά σας (εξωτερικά χαρακτηριστικά και χαρακτήρα) και τη σημασία της για εσάς.

# 2η Ενότητα

## Σχολική ζωή

Στην ενότητα αυτήν θα μάθεις ή και θα θυμηθείς:

√ **Τη** σημασία του σχολικού περιβάλλοντος

√ **Να** περιγράφεις την τάξη και το σχολείο σου

√ **Να** περιγράφεις τους συμμαθητές και δασκάλους σου

√ **Να** αναφέρεσαι στις δικές σου εμπειρίες

√ **Να** γράφεις μία παράγραφο

√ **Τη** διαφορά του **η** από το **ει** και **οι**

√ **Την** κλίση θηλυκών ουσιαστικών σε **-η**

**Κείμενο**

**Πάλι σχολείο;**

Ετοιμαζόμουν να κάνω μια βουτιά στην καταγάλανη θάλασσα και να εξερευνήσω το βυθό, αλλά κάτι με **προσγείωσε** στην πραγματικότητα! Χτύπησε το ξυπνητήρι στις 7 😩… πρώτη μέρα στο σχολείο. Ουφ πια με αυτό το σχολείο 😠… Γιατί να μην είναι πάντα καλοκαίρι; Γιατί μας βασανίζουν έτσι;

Σηκώθηκα από το κρεβάτι μου **άκεφος**, αλλά κατά περίεργο τρόπο και χαρούμενος που θα συναντούσα τους φίλους και συμμαθητές μου, που μου είχαν λείψει τόσον καιρό. Έφαγα το πρωϊνό μου και άρχισα να ετοιμάζομαι. Ακριβώς στις 07.40 ήμουν στο **προαύλιο** του σχολείου. Χαρούμενες φωνές ακουγόντουσαν παντού, μαυρισμένα χαμογελαστά πρόσωπα **διηγούνταν** ιστορίες από τις καλοκαιρινές τους διακοπές, παρέες που **έσμιξαν** ξανά και αρκετοί καινούριοι δάσκαλοι.

Κάποια στιγμή **διέκρινα** τους φίλους μου που έτρεξαν να με χαιρετήσουν χαρούμενοι. Αρχίσαμε να λέμε αστεία μεταξύ μας καθώς και το πώς περάσαμε το καλοκαίρι μας. Η αλήθεια είναι ότι χαιρόμουν πραγματικά που τους έβλεπα όλους μαζεμένους. Θα ήταν σίγουρα μια πολύ ενδιαφέρουσα σχολική χρονιά.

Το κουδούνι χτύπησε για να μπούμε στις αίθουσες... τελικά δεν είναι και τόσο άσχημα να επιστρέφεις στο σχολείο 😉!

(επιμέλεια κειμένου, Σ. Δημοπούλου)

**Ερωτήσεις**

1. Να εξηγήσετε τις λέξεις με έντονα γράμματα και να γράψετε δικές σας προτάσεις.

2. Περιγράψτε τη δική σας πρώτη μέρα στο σχολείο.

3. Συμφωνείτε με όσα γράφει ο μαθητής στο κείμενο; Αν ναι, γιατί;

**Κείμενο**

(πηγή, www. museduc.gr)

**Εργασία**

Να εξηγήσετε το κόμικ με βάση την εμπειρία σας στην τάξη.

**Κείμενο**

**Πάμε στα ελληνικά;**

Με λένε Αντιγόνη και ζω στη Γερμανία. Είμαι μαθήτρια της εβδόμης τάξης του γερμανικού Γυμνασίου. Μου αρέσει η ζωή μου εδώ, παρόλο που ο καιρός δεν είναι και τόσο καλός όπως στην Ελλάδα. Όμως αγαπώ το σχολείο μου, έχω τους φίλους μου και προσπαθώ να περνάω όσο γίνεται καλύτερα με την οικογένειά μου.

Από την πρώτη δημοτικού πηγαίνω μία φορά την εβδομάδα μετά το μεσημέρι και στο ελληνικό σχολείο και μαθαίνω τη μητρική μου γλώσσα. Μου αρέσει πολύ η επαφή με τη γλώσσα μου και περισσότερο το ότι μιλάω μόνο ελληνικά μέσα στην τάξη, κάτι που φυσικά δεν μπορώ να κάνω στο γερμανικό σχολείο.

Μέσα στην τάξη είμαστε περίπου 15 παιδιά με διάφορες ηλικίες. Ο καθένας από εμάς έχει συνήθως και διαφορετικό βιβλίο. Υποθέτω πως αυτό συμβαίνει, γιατί δεν έχουμε όλοι τις ίδιες γνώσεις, ούτε είμαστε στην ίδια τάξη. Κάπως περίεργο μου φαίνεται αυτό, γιατί στο πρωινό σχολείο κάνουμε όλοι το ίδιο μάθημα και έχουμε τα ίδια βιβλία.

Στο ελληνικό σχολείο μαθαίνω αρκετά για τις γιορτές και παραδόσεις της Ελλάδας, αλλά και την ιστορία της, που είναι πολύ πλούσια. Επίσης, κάνουμε διάφορες γιορτές, στις οποίες μαζευόμαστε οι Ελληνίδες και Έλληνες της πόλης που ζω και λέμε ποιήματα ή παίζουμε θέατρο, τραγουδάμε... είναι πολύ ωραίες αυτές οι συναντήσεις, γιατί έτσι και δεν ξεχνάμε τη γλώσσα μας και είναι μία ευκαιρία να συναντηθούμε όλοι μαζί.

Τέλος, θα ήθελα να πω ότι εμένα προσωπικά με βοηθά πολύ η γλώσσα μου να καταλαβαίνω καλύτερα όχι μόνο τη γερμανική, αλλά και τις υπόλοιπες γλώσσες που μαθαίνω στο σχολείο και να γίνομαι καλύτερη στο μάθημα. Άσε που έκανα και πολλούς νέους φίλους! Πραγματικά δε βλέπω την ώρα να πάω στο ελληνικό σχολείο!

(επιμέλεια κειμένου, Σ. Δημοπούλου)

**Ερωτήσεις**

1. Πώς περιγράφει η Αντιγόνη την εμπειρία της από το ελληνικό σχολείο; Αναφερθείτε και εσείς στη δική σας εμπειρία.

2. Τι πιστεύετε ότι προσφέρει η εκμάθηση της μητρικής μας γλώσσας;


**Σύνταξη – Γραμματική – Ορθογραφία**

Παράγραφος και δομή

√ Η παράγραφος αποτελείται από τρία μέρη:

α. Θεματική πρόταση (το θέμα της παραγράφου)

β. Ανάπτυξη – σχόλια (αναλύω το θέμα της παραγράφου)

γ. Πρόταση κατακλείδα (γράφω ένα συμπέρασμα)

**Παράδειγμα ανάπτυξης παραγράφου**

**Θεματική πρόταση**: Το σχολείο είναι σαν το δεύτερο σπίτι μας

**Ανάπτυξη - σχόλια**: Στο σχολείο περνάμε καθημερινά αρκετές ώρες και είναι ένα σημαντικό κομμάτι της προεφηβικής και εφηβικής ζωής μας. Αυτό σημαίνει ότι το νιώθουμε ουσιαστικά σαν το δεύτερο σπίτι μας, αφού συναντούμε τους ίδιους ανθρώπους, έχουμε τις ίδιες παρέες, μοιραζόμαστε τα προβλήματα και τις χαρές μας με τους φίλους και συμμαθητές μας.

**Πρόταση κατακλείδα**: Από τα παραπάνω συμπεραίνουμε επομένως πως το σχολείο παίζει έναν πολύ σημαντικό ρόλο στη ζωή μας, αφού αποτελεί κομμάτι της.

**Άσκηση**

Με βάση τις παρακάτω θεματικές προτάσεις να αναπτύξετε παραγράφους:

- Ο ελεύθερος χρόνος είναι πολύ σημαντικός στον άνθρωπο

- Δεν πρέπει να υπάρχουν αδέσποτα στους δρόμους

- Η φύση είναι πολύτιμη για όλους

- Η άθληση κάνει καλό

- Η Μαίρη/ο Γιώργος είναι η/ο καλύτερή/ός μου φίλη/ος

## Γραμματική

Θυμάμαι την κλίση θηλυκών ουσιαστικών σε **-η**

| Ενικός | Πληθυντικός |
|---|---|
| η αυλ-ή <br> της αυλ-ής <br> την αυλ-ή <br> αυλ-ή | οι αυλ-**ές** <br> των αυλ-**ών** <br> τις αυλ-**ές** <br> αυλ-**ές** |
| η πόλ-η <br> της πόλ-ης <br> την πόλ-η <br> πόλ-η | οι πόλ-**εις** <br> των πόλ-**εων** <br> τις πόλ-**εις** <br> πόλ-**εις** |

## Ασκήσεις

1. Στις παρακάτω προτάσεις να βάλετε τα ουσιαστικά στο σωστό τύπο:

- Οι ................... (γιορτή) που διοργανώνει ο σύλλογος είναι παραδοσιακές.

- Με αυτές τις ............... (σκέψη) έπεσε να κοιμηθεί.

- Ο δάσκαλος τελικά έδωσε τη .............. (λύση) στο πρόβλημα.

- Μετά από ώρα άρχισαν να τον εγκαταλείπουν οι ................. (δύναμη) του.

- Εισακούστηκαν τελικά οι ................ (προσευχή) τους και ξεπέρασε ο ασθενής τον κίνδυνο.

2. Να μεταφέρετε στον αντίθετο αριθμό τα παρακάτω:

α. την όρεξη ……………………………..

β. τις ειδήσεις ……………………………...

γ. της απόφασης ……………………………

δ. την τάξη …………………………………

ε. των απόψεων ……………………………

στ. την πόλη ………………………………..

ζ. οι κινήσεις ………………………………

## Ορθογραφία

√ Ταξιδάκι στα παλιά 🚎

Πότε γράφουμε **η** και πότε **ει**; Το **η** συνοδεύει τα θηλυκά ουσιαστικά, π.χ. η γιορτή, η προσευχή, η αυλή. Το **ει** συνοδεύει πάντα το γ ενικό των ρημάτων, π.χ. ο Γιώργος παίζει, γελάει, τρέχει, κλπ. Το **οι** συνοδεύει πάντα τον πληθυντικό αριθμό, π.χ. οι γιατροί, οι σκύλοι, κλπ.

## Άσκηση

Να συμπληρώσετε τα η, ει και οι στα παρακάτω:

οι φίλ……        οι άνθρωπ…..

η μέσ……         περπατά…..

γελά…….         η στάσ…..

αγαπά…..         οι αρχηγ…..

**Παραγωγή γραπτού λόγου**

Στείλτε ένα mail σε έναν φίλο σας ή μια φίλη σας και περιγράψτε τη σχολική καθημερινότητά σας.

Παρατηρήστε την παρακάτω εικόνα και κάντε σε έναν πίνακα σύγκριση με τα σχολεία της χώρας που ζείτε. Χρησιμοποιήστε λέξεις κλειδιά.

(πηγή, www.iefimerida.gr)

## Συμπληρωματικό λογοτεχνικό κείμενο

### Η Αστραδενή στο νέο σχολείο της

Ωραία! Λοιπόν, αυτή είναι η τάξη μου! Η Ε!... Πρέπει να βάλω κάποιο σημάδι για να τη βρίσκω. Καλά θα δω..., γιατί ο κύριος ανοίγει μια πόρτα... Με σπρώχνει απαλά μέσα...

Πρώτα είδα την κυρία μας. Τη δασκάλα μας. Δεν ξέρω αν είναι νέα ή μεγάλη. Έχει μαζεμένα τα μαλλιά της σφιχτό κότσο και φοράει γυαλιά.

«Τι συμβαίνει, κύριε Γιώργο;».

«Μια καινούργια μαθήτρια, δεσποινίς».

(Ώστε είναι δεσποινίς κι όχι κυρία. Δεν έχει παντρευτεί κι είναι μεγαλούτσικη).

«Στη δική μου τάξη βρήκανε να τη βάλουνε... Έχουμε κιόλας 62 παιδιά. Τέλος πάντων. Ευχαριστώ, κύριε Γιώργο».

Στεκόμουνα κάπου κοντά στην έδρα. Κοίταξα την τάξη. Μεγάλη ήτανε κι όμως νόμιζες ότι θα έσκαγε σε λίγο από τα πολλά παιδιά. Είχε τέσσερις σειρές θρανία. Στα πιο πολλά θρανία καθόντουσαν τρία τρία παιδιά. Και είχε και δυο θρανία στο πλάι της έδρας.

«Βρες μια θέση και κάτσε», μου 'πε η κυρία.

Εκεί στη δεύτερη σειρά στο τρίτο θρανίο κάθονται δυο κορίτσια. Συμπαθητικά μου φαίνονται. Προχωρώ προς τα κει. Όταν φτάνω όμως... έχουν κάτσει στις δυο άκρες του θρανίου και κάνουν ότι δε με βλέπουν. Τι να κάνω τώρα; Να τους πω «πήγαινε πιο μέσα...», δεν μπορώ. Κοιτάζω γύρω. Όλοι κάνουν ότι κοιτάνε τα τετράδιά τους. Ξέρω όμως ότι εμένα κοιτάνε. Τι θα κάνω...

Αναστενάζω. Έχει και παρακάτω θρανίο με άδεια θέση. Πάω για κει.

Κάθονται ένα αγόρι κι ένα κορίτσι. Όταν φτάνω έχουν πιάσει κι αυτοί τις άκριες... Κοιτάω γύρω. Τι να κάνω;... Ακούω και κάτι γέλια... Επίτηδες το κάνουνε... Δε με θέλουνε να καθίσω δίπλα τους. Γιατί;... Πρέπει να 'χω γίνει κόκκινη σαν παντζάρι. Γυρνάω το κεφάλι μου και τους κοιτάω. Ν' άνοιγε η γη να με καταπιεί... Στέκομαι εκεί στη μέση. Στο λαιμό μου κάτι ανεβοκατεβαίνει...

«Ακόμα να καθίσεις;», ρωτάει απ' την έδρα της η κυρία.

Τι να της πω... Ότι αυτοί με κοροϊδεύουν;...

«Έλα να κάτσεις στα πλαϊνά θρανία», μου λέει.

Πήγα. Είχε δυο θρανία στα πλάγια, κάτω απ' το παράθυρο. Στο εμπρός θρανίο κάθονται δυο κορίτσια κι ένα αγόρι. Στο πίσω ένα αγόρι.

«Κάτσε με το Γιώργο, που είναι τιμωρία. Εσείς οι άλλοι τελειώστε με την ορθογραφία σας».

Τα παιδιά, φαίνεται, τελείωσαν την ορθογραφία, γιατί σηκώθηκαν κάτι κορίτσια, μάζεψαν τα τετράδια και τα 'δωσαν στη δασκάλα.

«Λοιπόν», είπε αυτή και άνοιξε ένα πράσινο τετράδιο, «για σήκω εσύ, η καινούργια, και πες μου τ' όνομά σου».

Στάθηκα όρθια δίπλα στο θρανίο μου κι είπα: «Αστραδενή Χατζηπέτρου».

Η κυρία δε με κοίταζε, ετοιμαζότανε να γράψει τ' όνομά μου στο τετράδιο — ο κατάλογος θα ήταν— αλλά τα παιδιά άρχισαν τα γέλια... Γιατί άραγε;... Και τότε εκείνη σήκωσε το κεφάλι, χτύπησε ένα χάρακα στο τραπέζι και είπε:

«Ησυχία εσείς! Πώς το είπες αυτό το όνομα;».

«Αστραδενή Χατζηπέτρου».

«Όχι το Χατζηπέτρου... το Αστραδενή... Χριστιανικό είναι;...».

«Ναι», έκανα με το κεφάλι. Έτρεμα. Δεν της άρεσε τ' όνομά μου, φαίνεται...

«Δηλαδή, ΕΤΣΙ σε βάφτισε ο παπάς;», ξαναρώτησε.

«Αστερόπη, με βάφτισε, αλλά με φωνάζουν Αστραδενή».

«Και το... Αστραδενή είναι χριστιανικό;».

«Μάλιστα. Η κυρία μας —η δασκάλα μου— θέλω να πω η παλιά μου η δασκάλα, μου είπε ότι είναι πολύ αρχαίο όνομα. Είναι ένα αστέρι από τα εφτά της Πούλιας...».

(Τι μου 'ρθε και τα 'λεγα όλα αυτά... Θάλασσα τα 'κανα... Ορίστε! Τα παιδιά γελάνε... Τι γελάνε, δηλαδή... αυτά σπαρταράνε, χτυπιούνται πάνω στα θρανία τους...).

Η δασκάλα χτυπάει το χάρακα στο τραπέζι και φωνάζει: «Ησυχία!».

«Εγώ, δεν ξέρω τέτοιο όνομα. Πότε γιορτάζεις, τέλος πάντων, για να καταλάβω».

«Οι Αστερόπες δε γιορτάζουν. Μόνο γενέθλια έχουν».

Άλλα γέλια από κάτω. Μα γιατί γελάνε ΕΤΣΙ όλοι αυτοί;... Πρέπει να τα μπαλώσω, αλλιώς αυτή η δασκάλα θα με γράψει στα μαύρα κατάστιχα*.

«Μερικές Αστερόπες, κυρία, λέω, γιορτάζουν της Αγίας Ουρανίας. Εγώ όμως δεν κάνω γιορτή...».

«Λοιπόν, για να τελειώνουμε», είπε η κυρία κι έγραφε... «ΟΥ-ΡΑ- ΝΙ - Α

ΧΑ-ΤΖΗ – ΠΕ - ΤΡΟΥ».

«Αστερόπη, κυρία!», φώναξα. «Αυτό είναι τ' όνομά μου».

«Πρόσεξε, γιατί δε θα τα πάμε καλά εμείς οι δύο! ΟΥΡΑΝΙΑ θα σε φωνάζω. Αυτό είναι όνομα της Εκκλησίας μας».

Μια μέρα, κάτι κορίτσια μου τραγουδούσανε ένα πειραχτικό τραγούδι: «Αστερία, Αστερία, είσαι μια μικρή κυρία». Τις πλάκωσα στο ξύλο. Με νευριάζανε... Καθόμουν στη γωνιά μου κι έτρωγα το κουλούρι μου κι αυτές εκεί: «Αστερία κι Αστερία...». Στην αρχή έκανα ότι δεν καταλάβαινα, μετά... άνθρωπος είμαι κι εγώ... τις βούτηξα απ' τα μαλλιά — τις δύο— και τις έφερα κάτω. Είμαι πολύ καλή σ' αυτό το κόλπο. Μου το 'χει μάθει ο ξάδελφος μου ο Ντίνος.

Οι μαρτυριάρες πήγανε στη δασκάλα. Με φώναξε η δεσποινίς. Της τα 'πα κι εγώ. Δε θα μίλαγα, αν δε γινόταν η φασαρία, αλλά τώρα που έγινε... Θα έκανα υπομονή, πόσος καιρός μας μένει... Ένας μήνας!... Του χρόνου μπορεί και να 'χω άλλη δασκάλα... Αλλά τώρα... Δεν την κράτησα τη γλώσσα μου και τα 'πα. Καλά λέει η μάνα μου ότι είμαι «γλωσσού».

«Με λέγανε Αστερία», είπα στη δεσποινίδα, «κι εγώ θύμωσα. Ούτε Αστερία ούτε Ουρανία με λένε. Τ' όνομά μου είναι Αστραδενή! Κι ο παπα-Λεμόνης, που είναι Χριστιανός με Χ κεφαλαίο, τη βαφτιστικιά του Αστραδενή τη φωνάζει. Κι εμένα Αστραδενή με λένε. Κι όποιος με ξαναπεί μ' άλλο όνομα δε θ' ακούσω!...»

Αυτό, βέβαια, για την αφεντιά της το είπα. Ουρανία με ανέβαζε, Ουρανία με κατέβαζε.

Θύμωσε. Με είπε αυθάδη, αναιδή και τέτοια. Με πήγε στον κύριο διευθυντή. Εκεί έγινε άλλη φασαρία. Ο διευθυντής με ρώτησε πώς με βάφτισε ο παπάς. Του 'πα. Άνοιξε και το χαρτί που 'χα φέρει απ' τη Σύμη και που μ' έγραφε Αστερόπη. Είπε στη δεσποινίδα να με φωνάζει Αστερόπη.

Όχι ότι με πείραζε... Καλό και περίκαλο το Αστερόπη... Αλλά σκέφτομαι... «Αστραδενή, ή που καταφέρνεις να σε φωνάζουν Αστραδενή ή που δεν αξίζεις τίποτα...».

Είπα, λοιπόν, στο διευθυντή ότι και τους Γιάννηδες τους βαφτίζει ο παπάς Ιωάννηδες, ποιος όμως τους λέει έτσι... Όλοι Γιάννηδες τους φωνάζουν... Γέλασε ο διευθυντής κι είπε: «Εντάξει, μη χάνουμε την ώρα μας για ένα όνομα. Αστραδενή, λοιπόν!...».

Η δεσποινίς, αν την έπιανες από τη μύτη, θα 'σκαγε. Εγώ δεν τολμούσα να την κοιτάξω.

Τις πρώτες φορές που με φώναξε «Ουρανία», σκέφτηκα ότι θα με είχε συνηθίσει έτσι και δεν απάντησα. Έκανα σαν να μίλαγε σε κάποιον άλλον. Μια, δυο, άρχισε να με φωνάζει Αστραδενή. Πολύ μου άρεσε. Να, σαν να 'τρεχε δροσερό νεράκι μέσα μου. Έτσι μου φαινόταν.

**\* θα με γράψει στα μαύρα κατάστιχα:** θα με βάλει στο μάτι

(Ευγενία Φακίνου. Απόσπασμα από το βιβλίο «Η Αστραδενή», Κέδρος)

**Ερωτήσεις**

1. Διηγηθείτε προφορικά την ιστορία με δικά σας λόγια.

2. Η Αστραδενή νιώθει άβολα στο νέο της σχολείο. Εντοπίστε σχετικά σημεία στο κείμενο.

3. Πώς συμπεριφέρονται στην Αστραδενή οι συμμαθητές της; Να υπογραμμίσετε τα σημεία στο κείμενο.

4. Αν ήσασταν στη θέση της Αστραδενής, πώς θα συμπεριφερόσασταν;

5. Πιστεύετε πως υπάρχουν παιδιά που νιώθουν όπως η Αστραδενή στο σχολείο ή στην τάξη σας; Αναφερθείτε σε δικές σας εμπειρίες.

# 3ⁿ Ενότητα

## Σπίτι μου.... σπιτάκι μου

Στην ενότητα αυτήν θα μάθεις ή και θα θυμηθείς:

√ **Να** περιγράφεις το σπίτι σου

√ **Να** ξεχωρίζεις τα είδη μιας κατοικίας στο χωριό, επαρχία και μεγαλούπολη

√ **Να** συγκρίνεις

√ **Τους** τρόπους σύγκρισης

√ **Να** αναπτύσσεις παράγραφο με σύγκριση-αντίθεση

√ **Τα** ουδέτερα ουσιαστικά ισοσύλλαβα και ανισοσύλλαβα

√ **Τη** διαφορά του ε από το **αι**

**Κείμενο**

**Η ζωή μου στην πολυκατοικία**

Με λένε Δανάη και είμαι 13 χρονών. Ζω σε μία γερμανική μεγαλούπολη με πολλούς ανθρώπους να πηγαινοέρχονται καθημερινά, πολλή κίνηση, μαγαζιά, σχολεία και ό,τι άλλο μπορεί να φανταστεί κανείς. Η αλήθεια είναι ότι μου αρέσει που ζω σε μία ζωντανή πόλη και έχω τη δυνατότητα να κάνω πολλά πράγματα, αλλά αυτό που δε μου αρέσει καθόλου είναι που μένω σε πολυκατοικία.

Με την οικογένειά μου είμαστε συνολικά πέντε άτομα. Έχω άλλα δύο αδέρφια μικρότερα από μένα και όλοι μαζί μένουμε σε ένα διαμέρισμα μιας μεγάλης οικοδομής. Η οικοδομή έχει έξι ορόφους και κάθε όροφος έχει τρία διαμερίσματα. Εμείς είμαστε στον τρίτο όροφο. Δίπλα μας μένει μία οικογένεια Τούρκων και μία Γερμανών.

Τα τελευταία πέντε χρόνια ζούμε σε αυτό το διαμέρισμα, που είναι σχετικά μεγάλο. Έχει τρία υπνοδωμάτια, ένα μεγάλο σαλόνι, ένα μέτριο μπάνιο, μία ευρύχωρη κουζίνα και ένα μικρό μπαλκόνι. Ευτυχώς εγώ σαν μεγαλύτερη έχω το δικό μου δωμάτιο, ενώ τα αδέρφια μου μοιράζονται το δικό τους. Το δωμάτιό μου είναι όμως μικρό. Ίσα που χωράει το γραφείο και τη ντουλάπα μου. Θα ήθελα, για να είμαι ειλικρινής, να ήταν πιο μεγάλο, αλλά έπρεπε να παραχωρήσω το μεγαλύτερο υπνοδωμάτιο στα αδέρφια μου.

Οι γείτονές μας είναι, θα έλεγα, ήσυχες οικογένειες. Σπανίως κάνουν φασαρία, σε αντίθεση με μας και ειδικά με τα αδέρφια μου, που μαλώνουν διαρκώς. Δε συμβαίνει όμως το ίδιο και με τους άλλους ορόφους. Αυτοί που μένουν πάνω από μας περπατάνε τόσο δυνατά, που νομίζεις ότι θα ξεκολλήσει το ταβάνι και θα μας πλακώσει! Όσο γι' αυτούς που μένουν ακριβώς κάτω από το δικό μας διαμέρισμα, χρησιμοποιούν τόσο έντονα μυρωδικά στα φαγητά τους, που κάθε φορά που μαγειρεύουν η μαμά κλείνει όλα τα παράθυρα.

Πόσο μου λείπει το σπίτι μας στο χωριό! Μια πανέμορφη μονοκατοικία, με έναν τεράστιο κήπο και άνετα δωμάτια.. εκεί δεν ενοχλούμε κανέναν και δε μας ενοχλεί κανείς. Θα προτιμούσα να ζω σε μονοκατοικία και να μην έχω κανέναν ούτε από πάνω ούτε από κάτω.. πολυτέλειες θα μου πείτε σε μία μεγαλούπολη. Από την άλλη, όταν βλέπω τους άστεγους στην πόλη μας, νιώθω μεγάλη ευγνωμοσύνη που εγώ και η οικογένειά μου έχουμε μία στέγη.

(επιμέλεια κειμένου, Σ. Δημοπούλου)

**Ερωτήσεις**

1. Ποια είναι η γνώμη της Δανάης για το μέρος που ζει; Συμφωνείτε μαζί της;

2. Ποια προβλήματα έχουν συνήθως οι ένοικοι μιας πολυκατοικίας;

3. Να εντοπίσετε τις διαφορές ανάμεσα σε μία πολυκατοικία και μία μονοκατοικία. Εσείς πού θα προτιμούσατε να ζείτε και γιατί;

4. Να βρείτε πέντε επίθετα μέσα στο κείμενο και να σχηματίσετε με αυτά μία φράση (π.χ. ήσυχη γειτονιά).

**Εργασία**

**Περιγραφή – Σύγκριση**

(www.pixabay.com)

Με βάση τις ακόλουθες λέξεις, να περιγράψετε τις παραπάνω εικόνες καθώς και πώς φαντάζεστε το εσωτερικό των κατοικιών αυτών:

πολυκατοικία, μονοκατοικία, διαμέρισμα, διώροφος, τριώροφος, ισόγειο, γκαράζ, κήπος, βεράντα, μπαλκόνι, τζάκι, κεντρική θέρμανση, σαλόνι, τραπεζαρία, υπνοδωμάτιο, παιδικό, γραφείο, κουζίνα, μπάνιο, ταράτσα, σκεπή, σοφίτα, μεζονέτα, ευρύχωρος, στενός, διάδρομος, χολ, αποθήκη, υπόγειο, φωτεινός, σκοτεινός.

# Κείμενο

## Η ζωή στη Σύμη

Στη Σύμη, τ' απογεύματα πότε ερχότανε η Αλεμίνα στο δικό μας, πότε πηγαίναμε εμείς στης Ελένης, πότε όλες πηγαίναμε στο Ζωπιάκι. Οι μανάδες κάνανε τις δουλειές τους τις απογευματινές. Άλλη έπλεκε, άλλες κόβανε κουρέλια για κουρελούδες, άλλη έπλεκε νταντέλα. Εκτός κι αν είχανε δουλειά συντροφική. Της εποχής. Κι έπρεπε να δουλέψουν όλες μαζί. Να, να καθαρίσουν τ' αμύγδαλα, να ξεσποριάσουν τη φακή ή τα φασόλια, να ετοιμάσουν κουλουράκια ή ν' ανοίξουν χυλοπίτες.

Εμείς, τα παιδιά, παίζαμε στην αυλή, αν ήταν καλοσύνη. Αλλιώς, καθόμαστε πάνω στον αποκρέβατο, στην κουζίνα που 'χει ζέστη, δίπλα τους. Και τα δυο μ' αρέσανε. Στις αυλές παίζαμε το κουτσό ή τ' αγάλματα ή τις κυρίες. Στην κουζίνα παίζαμε μαμά και παιδιά ή σχολείο. Είχε κι αυτό το γούστο του, γιατί, ενώ έπαιζες, άκουγες και τις μανάδες να κουβεντιάζουνε καθώς δουλεύανε. Σ' εμάς, στη Σύμη, οι κουζίνες δεν είναι έτσι κουτσουλές, όπως είναι εδώ. Είναι ένα μεγάλο δωμάτιο, πολύ μεγάλο, που κάνουμε όλες μας τις δουλειές. Κοιμόμαστε κιόλας, το χειμώνα που 'χει κρύο. Στη μια του άκρη έχει τον αποκρέβατο, ένα πατάρι πες, μεγάλο και ψηλό ένα μέτρο. Ανεβαίνεις με τρία σκαλάκια. Έχει κι ένα κάγκελο στην άκρη. Αυτό βολεύει πολύ για να μην πέφτουν τα παιδιά που κοιμούνται όλα εκεί. Το στρώνουμε με ωραίες κουρελούδες και παίζουμε, ξυπόλητες για να μη λερώνουμε, μαμάδες και παιδιά. Από κάτω ο αποκρέβατος είναι αποθήκη. Φυλάμε διάφορα πράγματα. Εκεί λέμε στα μικρά ότι θα τα κλειδώσουμε αν δεν είναι φρόνιμα.

Κι αυτά φοβούνται τον αράπη ή τη γριά και κάθονται φρόνιμα. Ο πατέρας και η μάνα μου κοιμούνται ψηλά ψηλά, σ' ένα κρεβάτι που ανεβαίνεις με δεκαπέντε σκαλιά. Στην άλλη άκρη του δωματίου είναι η τσιμιά, το τζάκι δηλαδή, και δίπλα η βρύση της στέρνας. Το τζάκι δεν το ανάβουμε συχνά. Άλλωστε τι κρύο κάνει στη Σύμη... Ψιλοπράγματα. Έτσι και ρουφήξεις ένα φασκόμηλο... ζεστάθηκες στο πι και φι!... Μόνο τα Χριστούγεννα το ανάβουμε, έτσι για το καλό. Για να καπνίσει, να διώξει το κακό απ' το σπίτι, να τρομάξει τους καλικαντζάρους. Τον άλλο καιρό έχουμε ακουμπισμένο εκεί το πετρογκάζ και μαγειρεύουμε. Δίπλα είναι το παράθυρο. Σ' εμάς, στη Σύμη, τα παράθυρα είναι αλλιώτικα. Το είδα αυτό μόλις μπήκα και μου 'κανε εντύπωση. Εδώ τα παράθυρα είναι, πώς να το πω, αδύνατα. Σ' εμάς έχουνε ένα πολύ φαρδύ πρεβάζι απ' τη μέσα μεριά. Εκεί ακουμπάμε διάφορα πράγματα. Μάλιστα, το ένα παράθυρο της κουζίνας έχει το πρεβάζι του φτιαγμένο νεροχύτη. Γέρνει, δηλαδή, λίγο προς τα έξω κι έχει μια τρύπα φαρδιά που διώχνει τα σαπουνόνερα έξω.

Κάτω απ' το παράθυρο φυτεύουμε μελιτζανιές, δυόσμο, βασιλικά, κατιφέδες. Το σαπουνόνερο είναι σπουδαίο για τα λουλούδια και τα λαχανικά. Λίπασμα, που λέει κι ο πατέρας. Και τα κάνει θρεφτάρια, να, μέχρι εκεί πάνω. Κι ούτε που πάει χαμένο, όπως εδώ. Εδώ, καλέ, πού το πετάνε τόσο νερό;... Δεν το λυπούνται;... Αλλά τι λέω, η χαζή, τι να λυπηθούνε!... Εδώ ανοίγουν τη βρύση, και φρρρρτ! τρέχει το νερό... Δεν έχουν στέρνα, να φοβούνται μην πατώσει και μείνουν χωρίς νερό. Πάντως το στερνίσιο το νερό είναι το καλύτερο. Είναι θεοβρεχάμενο, που λένε οι παλαιοί. Είναι ωραίο, γλυκό νερό. Κάνει ωραία σαπουνάδα. Και στο λούσιμο είναι σπουδαίο. Τούτο της Αθήνας... κάπως μυρίζει... αλλιώτικο στο στόμα... σα φάρμακο...

Βέβαια, το νερό της στέρνας πρέπει να το προσέχεις. Θέλει καλό κουμάντο για να περάσεις το καλοκαίρι σου και να σου μείνει και λίγο να πλύνεις τις κουβέρτες και τις κουρελούδες...

(Ευγενία Φακίνου. Απόσπασμα από το βιβλίο «Η Αστραδενή», Κέδρος)


**Ερωτήσεις**

1. Η Αστραδενή μετακόμισε με την οικογένειά της από τη Σύμη στην Αθήνα σε πολυκατοικία. Να εντοπίσετε και να υπογραμμίσετε μέσα στο κείμενο τις διαφορές ανάμεσα στο σπίτι που ζούσε στο νησί και στο διαμέρισμα στην Αθήνα.

2. Ποια είναι τα συναισθήματα της ηρωίδας; Να τα περιγράψετε.

3. Πώς θα νιώθατε εσείς στη θέση της Αστραδενής;

4. Να υπογραμμίσετε τα ρήματα που βρίσκονται σε παρελθοντικό χρόνο μέσα στο κείμενο (π.χ. πηγαίναμε, ερχότανε), και να τα μεταφέρετε στο παρόν.

## Σύνταξη
### Ανάπτυξη παραγράφου με σύγκριση-αντίθεση

Η παράγραφος που αναπτύσσεται με τη μέθοδο της σύγκρισης και αντίθεσης συνήθως συγκρίνει δύο πρόσωπα, πράγματα, συνθήκες, καταστάσεις κλπ., που ναι μεν ανήκουν στην ίδια κατηγορία, αλλά στην πραγματικότητα παρουσιάζουν αντίθεση. Θα συγκρίνουμε τη ζωή στην πόλη και στο χωριό ως αντιπροσωπευτικό παράδειγμα.

**Η ζωή στην πόλη** είναι αρκετά αγχωτική, αφού όλα γίνονται με γρήγορους ρυθμούς. Τα πάντα γύρω μας τρέχουν. Η κίνηση είναι πολλές φορές ανυπόφορη, τα καυσαέρια των αυτοκινήτων επιβαρύνουν την ατμόσφαιρα και δεν υπάρχουν τόσα πολλά δέντρα να δώσουν το οξυγόνο τους. Από την άλλη βέβαια, στην πόλη υπάρχουν πολλά μαγαζιά να ψωνίσει κάποιος, σινεμά και θέατρα, μουσεία, βιβλιοθήκες, αθλητικά κέντρα και πάρκα αναψυχής.
**Αντίθετα, η ζωή στο χωριό** κυλάει με χαλαρούς ρυθμούς. Οι άνθρωποι δε βιάζονται να κάνουν τις δουλειές τους, δεν υπάρχουν τόσα πολλά αυτοκίνητα και βέβαια η φύση απλώνεται γύρω μας. Όμως τόσο η ψυχαγωγία όσο και η δυνατότητα για αγορές είναι περιορισμένες, αφού δεν υπάρχουν πολλά μαγαζιά ούτε επιλογές στη διασκέδαση.

## Άσκηση
Εντοπίστε τη σύγκριση και τις αντιθέσεις στην παραπάνω παράγραφο και υπογραμμίστε τις αντίστοιχες λέξεις (π.χ. αγχωτική-χαλαρούς). Στη συνέχεια,

αναπτύξτε μία δική σας παράγραφο με τον ίδιο τρόπο συγκρίνοντας δύο πρόσωπα, πόλεις, χώρες, τρόπο ζωής, αθλήματα κλπ.

**Γραμματική**
**Η σύγκριση – τρόποι σύγκρισης**

Η σύγκριση γίνεται ανάμεσα σε δύο πρόσωπα, πράγματα ή καταστάσεις. Συνήθως χρησιμοποιούμε τα παραθετικά των επιθέτων ή επιρρημάτων για να συγκρίνουμε. Οι βαθμοί του επιθέτου είναι:

**Βαθμοί επιθέτων**

| Θετικός | Συγκριτικός | Υπερθετικός |
|---|---|---|
| μικρός | μικρότερος ή πιο μικρός | ο πιο μικρός |
| καλός | καλύτερος ή πιο καλός | κάλλιστος ή ο πιο καλός |

**Βαθμοί επιρρημάτων**

| Θετικός | Συγκριτικός | Υπερθετικός |
|---|---|---|
| ωραία | ωραιότερα ή πιο ωραία | ωραιότατα |
| ψηλά | ψηλότερα ή πιο ψηλά | πολύ ψηλά |

Να συμπληρώσετε τα παραθετικά των παρακάτω επιθέτων και να γράψετε και τα αντίστοιχα επιρρήματά τους:

| | ασχημότερος-η-ο | |
|---|---|---|
| | | ο πιο μικρός-η-ο |
| μεγάλος-η-ο | | |
| όμορφος-η-ο | | |
| | ψηλότερος-η-ο | |
| | | ο πιο φτηνός-η-ο |
| | ακριβότερος-η-ο | |
| πλούσιος-α-ο | | |

√ Θυμάμαι την κλίση των ουδέτερων ισοσύλλαβων και ανισοσύλλαβων ουσιαστικών.

| Ενικός | Πληθυντικός |
|---|---|
| το  παγωτ-ό | τα  παγωτ-ά |
| του παγωτ-ού | των  παγωτ-ών |
| το  παγωτ-ό | τα  παγωτ-ά |
| παγωτ-ό | παγωτ-ά |
| το  σώμ-α | τα  σώμ-ατα |
| του σώμ-ατος | των σωμ-άτων |
| το  σώμ-α | τα  σώμ-ατα |
| σώμ-α | σώμ-ατα |

**Άσκηση**

Να κλίνετε τα παρακάτω ουδέτερα ουσιαστικά: εισιτήριο, πλυντήριο, στρώμα, πώμα, σχολείο, χώμα.

**Ορθογραφία**

**Πότε γράφω ε ή αι;**

1. Τα πρόσωπα των ρημάτων που παίρνουν **ε** στην κατάληξη είναι τα εξής:

το α΄πληθυντικό πρόσωπο ενεργητικής φωνής = εμείς πλένουμ- **ε**

το β΄ πληθυντικό πρόσωπο ενεργητικής φωνής = εσείς πλένετ- **ε**

το γ΄ πληθυντικό πρόσωπο ενεργητικής φωνής = αυτοί πλένουν (**ε**)

το α΄πληθυντικό πρόσωπο παθητικής φωνής = εμείς πλενόμαστ-**ε**

το β΄πληθυντικό πρόσωπο παθητικής φωνής = εσείς πλένεστ-**ε** / πλενόσαστ-**ε**

2. Τα πρόσωπα των ρημάτων που παίρνουν **αι** στην κατάληξη είναι τα εξής:

το α΄ενικό πρόσωπο της παθητικής φωνής = εγώ πλένομ- **αι**

το β΄ενικό πρόσωπο της παθητικής φωνής = εσύ πλένεσ- **αι**

το γ΄ενικό πρόσωπο της παθητικής φωνής = αυτός πλένετ- **αι**

το γ΄ πληθυντικό πρόσωπο παθητικής φωνής = αυτοί πλένοντ- **αι**

**Άσκηση**

Να συμπληρώσετε στα παρακάτω το **ε** ή **αι**:

ντύνομ-..., βάφεστ-...., στολίζοντ-...., ακούμ-..., μιλάτ-..., αγαπάν-...., χαίροντ-....., πεινάμ-..., εργάζετ-..., σκαλίζουμ-..., φοβάμ-...., λυπούντ-..., τρώμ-..., αγαπιούντ-......, στολίζομ-...., χαιρόμαστ-......, πιστεύουν-......

## Παραγωγή γραπτού λόγου – διαθεματική εργασία

1. Σε ένα κείμενο 120-150 λέξεων να περιγράψετε το σπίτι που μένετε με την οικογένειά σας, αλλά και γενικότερα να αναφερθείτε στα σπίτια, τις πολυκατοικίες και τα διαμερίσματα της πόλης σας. Πώς σας φαίνονται; Θα αλλάζατε κάτι;

2. Ψάξτε στο διαδίκτυο πληροφορίες για το πώς ζούσαν οι άνθρωποι στην αρχαία Ελλάδα και παρουσιάστε τα αποτελέσματα στην τάξη.

3. Προσπαθήστε να αποδώσετε σχεδιαστικά και γραπτά πώς φαντάζεστε το μελλοντικό σας σπίτι. Μπορείτε να εργαστείτε και σε ομάδες.

# 4η Ενότητα

## Θα μου στείλεις ένα SMS;

Στην ενότητα αυτήν θα μάθεις ή και θα θυμηθείς:

√ **Τη σημασία** της επικοινωνίας

√ **Τους τρόπους** επικοινωνίας

√ **Τη διαφορά** του σήμερα και του χθες σε αυτό τον τομέα

√ **Τα** πλεονεκτήματα και μειονεκτήματα των νέων μορφών επικοινωνίας

√ **Την** ανάπτυξη παραγράφου με παραδείγματα

√ **Τα** ουδέτερα ουσιαστικά σε -ος

√ **Την** ορθογραφία των μετοχών -οντας και -ώντας

## Κείμενο

### Επικοινωνούμε με….. emojis

Επικοινωνώ σημαίνει ότι έρχομαι σε επαφή με κάποιον, συνεννοούμαι δηλαδή με διάφορους τρόπους. Στις παλαιότερες κοινωνίες, η επικοινωνία με ανθρώπους που βρίσκονταν μακριά γινόταν μέσω επιστολών και τηλεγραφήματος, αλλά και τηλεφώνου. Με την τεχνολογική εξέλιξη και έλευση της κινητής τηλεφωνίας, άλλαξε και ο τρόπος επικοινωνίας μεταξύ μας.

Όσο περνάνε τα χρόνια, τόσο εξελίσσεται η επικοινωνία, αλλά όχι απαραίτητα προς όφελος του ανθρώπου. Οφείλει να παραδεχτεί κανείς ότι μέσω της σύνδεσης των κινητών τηλεφώνων με το ίντερνετ και κάποιων εφαρμογών, η επικοινωνία έγινε παιχνίδι. Δε χρειάζεται να ανησυχούμε για το ότι, αν κάποιος δικός μας πάει ένα μακρινό ταξίδι, δε θα μπορούμε να επικοινωνήσουμε μαζί του. Πλέον όλα είναι τόσο απλά και εύκολα, που όχι μόνο δε χανόμαστε με φίλους και γνωστούς, αλλά μέσα από πλατφόρμες γνωριμιών αποκτούμε και καινούριους.

Βέβαια όλα αυτά δεν μπορούν να έχουν μόνο θετικά στη ζωή μας. Όπως κάθε τι εξάλλου, έτσι και ο σύγχρονος τρόπος επαφής των ανθρώπων παρουσιάζει και τις αρνητικές πλευρές του. Ενώ λοιπόν παλαιότερα η συζήτηση και ο διάλογος ήταν ουσιαστικός, αφού δεν υπήρχε άλλος τρόπος επαφής, σήμερα ισχύει ακριβώς το αντίθετο. Κρυμμένοι πίσω από την οθόνη του κινητού μας πληκτρολογούμε ένα μήνυμα πολλές φορές κωδικοποιημένο ή στέλνουμε μόνο εικόνες και σχέδια προκειμένου να εκφράσουμε τα συναισθήματά μας. Ακόμη και το φλερτ ανάμεσα στους νέους έχει αλλάξει. Έχει παρατηρηθεί ότι μέσα σε έναν χώρο που βρίσκονται δύο άνθρωποι, αντί να συζητούν, επικοινωνούν μέσω του κινητού τους. Σχέσεις επιφανειακές και ανούσιες, που δε βασίζονται στην ειλικρίνεια και στο σεβασμό, παρά μόνο στο πώς φαίνεται κάποιος και όχι πώς είναι πραγματικά. Αυτό βέβαια δυστυχώς έχει σαν αποτέλεσμα να κρίνουμε με μεγαλύτερη ευκολία έναν άνθρωπο από την εμφάνισή του και από το πόσους ακόλουθους έχει στις πλατφόρμες κοινωνικής δικτύωσης (social media).

Τέλος, ουσιαστικό και σημαντικό ζήτημα είναι η αλλοίωση της γλώσσας. Όσο περισσότερο επικοινωνεί κάποιος με κωδικοποιημένα μηνύματα, τόσο ξεχνά να γράφει και να εκφράζεται σωστά. Με το πέρασμα των χρόνων θα επιδεινωθεί το πρόβλημα αυτό και οι νέοι θα απομακρυνθούν από τη γλωσσική τους παιδεία και παράδοση. Μήπως ήρθε η ώρα να βάλουμε ένα φρένο σε όλα αυτά και να αρχίσουμε πάλι να επικοινωνούμε ουσιαστικά;

(επιμέλεια κειμένου, Σ. Δημοπούλου)

**Ερωτήσεις**
1. Να αποδώσετε το περιεχόμενο του κειμένου με συντομία σε 60 λέξεις.
2. Να αναλύσετε τα πλεονεκτήματα και μειονεκτήματα της νέας μορφής επικοινωνίας. Συμφωνείτε ή διαφωνείτε με αυτά;

**Κείμενο**

**Πώς το γράφουμε 🐱;**

*Να αντιγράψετε το κείμενο και να γράψετε με λέξεις το παρακάτω μήνυμα που στέλνει η Άννα στη φίλη της Στέλλα, αντικαθιστώντας τις εικόνες και τα έντονα γράμματα:*

Γεια σου Στέλλα. Είσαι 👍; Εγώ είμαι από χθες 🤧… Ξύπνησα χάλια..**δλδ** με πονόλαιμο και 🤒. Δεν έχω ιδέα πού μπορεί να κρύωσα. Μάλλον προχθές που **πγμ** για 🤸 με τα παιδιά. Όλο αυτό βέβαια με 😡, **γτ** δε θα μπορέσω να πάω στο πάρτι του σχολείου.

Εσύ τι έκανες με το **πρβλ** που είχες; Βρήκες καμία λύση; Πάντως είμαι πολύ 😌 που μπόρεσες επιτέλους να μιλήσεις με κάποιον γι' αυτό. Η αλήθεια είναι ότι κακώς 😔.. Η μαμά σου είναι πολύ **cool** και δε νομίζω να μη δε θέλει να σου δώσει 💶 να το αγοράσεις.

Αχ.. μακάρι να γίνω καλά για το πάρτι! Αλλά 🤔 ότι 🤷 τι να φορέσω.. θα είναι εκεί και ο… ξέρεις 😉.. **Τλκ** θα βρεθούμε το επόμενο **ΣΚ**; Έχω να σου 🗣 πολλά!!

Σου στέλνω πολλά 💋 και την 💕 μου. Πάω για 🥱

Άννα

## Περιγραφή εικόνων

(πηγή εικόνων, www.pixabay.com)

## Εργασία

1. Με βάση τις παραπάνω εικόνες, να συγκρίνετε τις μορφές επικοινωνίας παλαιότερα και σήμερα και να αναφερθείτε στα θετικά και αρνητικά τους. Να ψάξετε για περισσότερες πληροφορίες στο διαδίκτυο.

2. Εκφράστε τη γνώμη σας σε μία παράγραφο 70 λέξεων για το αν σας αρέσει ο σημερινός μοντέρνος τρόπος επικοινωνίας. Γράψτε τους λόγους που σας αρέσει ή όχι, καθώς και τις προτιμήσεις σας σχετικά με αυτόν.

## Συμπληρωματικό κείμενο

### Πώς επικοινωνούσαν στην αρχαία Ελλάδα;

Οι αρχαίοι Έλληνες μπορούσαν να ανταλλάσσουν χωρίς ιδιαίτερα προβλήματα και σε γρήγορο χρόνο πληροφορίες, τόσο κατά την περίοδο των πολέμων όσο και σε περίοδο ειρήνης. Με το εφευρετικό τους μυαλό είχαν κατορθώσει να σχεδιάσουν ένα σύστημα από μηχανισμούς που τους επέτρεπαν να φτάσει στο τελικό δέκτη οποιοδήποτε μήνυμα ήθελαν, διανύοντας ακόμη και 700 χιλιόμετρα σε περίπου μία ώρα. Ας δούμε με ποιο τρόπο γινόταν αυτό.

### Ημεροδρόμοι

Το πρώτο σχέδιο των Ελλήνων για τη μεταφορά πληροφοριών αποτελεί η χρήση των ημεροδρόμων. Ήταν άνθρωποι γνωστοί για τις ικανότητές τους στο τρέξιμο, στους οποίους εμπιστεύονταν τη μεταφορά μηνυμάτων σε σύντομο χρονικό διάστημα. Ο πιο γνωστός ημεροδρόμος που έμεινε και στην ιστορία ήταν ο Φειδιππίδης, ο οποίος πήγε από την Αθήνα στο Μαραθώνα και μετά πάλι πίσω στην Αθήνα το μήνυμα της νίκης χωρίς καμία στάση και πέθανε από εξάντληση.

### Τηλεβόας

Ο Μέγας Αλέξανδρος ήταν ο πρώτος που συνέλαβε τη ιδέα της αναπαραγωγής ήχων μέσω του ακουστικού τηλέγραφου, ο οποίος μπορούσε να μεταφέρει τους ήχους μέσω του αέρα σε μακρινές αποστάσεις. Αποτελούνταν από ένα τρίποδο ύψους τεσσάρων μέτρων ενωμένο στη κορυφή, από την οποία ξεκινούσε ένα σκοινί που συγκρατούσε ένα στρογγυλό ηχητικό κέρας μεγάλου μεγέθους.

## Φρυκτωρίες

Η φωτιά, και κατ' επέκταση το φως, ήταν βασική προϋπόθεση για να μεταφερθεί το μήνυμα σύντομα και σε μεγάλη απόσταση. Η χρήση φωτεινών σημάτων κυρίως χρησιμοποιήθηκε στον πόλεμο για να μεταφέρουν τις διαταγές των ανωτέρων. Τα οπτικά σήματα μπορούσαν να αναπαράγουν πληροφορίες μεγάλης ποικιλίας. Για παράδειγμα η Μήδεια, υψώνοντας έναν αναμμένο πυρσό ειδοποίησε τους Αργοναύτες να σπεύσουν στη Κολχίδα. (Χρήστος Λάζος, "Τηλεπικοινωνίες των αρχαίων Ελλήνων", Εκδόσεις Αίολος, απόσπασμα, www.autochtonesellhnes.blogspot.com)

## Εργασία

1. Ποιος από τους παραπάνω τρόπους επικοινωνίας σας εντυπωσίασε και γιατί; Εξηγήστε σε μία παράγραφο 50 λέξεων.

2. Να βρείτε περισσότερες πληροφορίες για τους τρόπους επικοινωνίας στην αρχαιότητα με εικόνες και να τους παρουσιάσετε στην τάξη.

## Σύνταξη

### Ανάπτυξη παραγράφου με παραδείγματα

Ένας βασικός τρόπος ανάπτυξης μιας παραγράφου είναι και τα παραδείγματα. Μπορούμε δηλαδή να αναπτύξουμε την ιδέα μας με παραδείγματα, που είναι συνήθως γνωστά και αποδεκτά και όχι φανταστικά.

## Παράγραφος

Καθημερινά ακούμε από την τηλεόραση ή το ραδιόφωνο, αλλά και διαβάζουμε στις σελίδες του διαδικτύου για την αύξηση της εγκληματικότητας. Έτσι, ληστείες, μικροκλοπές, φόνοι, διαρρήξεις, βιασμοί, επιθέσεις στα σχολεία, είναι κάποια τρανταχτά παραδείγματα άσκησης βίας στην κοινωνία μας.

## Άσκηση

Με τη βοήθεια της/του εκπαιδευτικού σας αναπτύξτε μία παράγραφο με παραδείγματα όπως παραπάνω. Βοηθητικά σας δίνονται τα παρακάτω θέματα: επαγγέλματα, πνευματική και χειρωνακτική εργασία, μέσα επικοινωνίας, κλπ.

## Γραμματική

Τα ουδέτερα ουσιαστικά σε **-ος** έχουν την ιδιαιτερότητα στον πληθυντικό αριθμό να έχουν κατάληξη **-η.**

Ενικός                                    Πληθυντικός

| το  λάθ-**ος** | τα  λάθ-**η** |
|----------------|---------------|
| του λάθ-**ους** | των λαθ-**ών** |
| το  λάθ-**ος** | τα  λάθ-**η** |
| λάθ-**ος** | λάθ-**η** |

Να συμπληρώσετε τις παρακάτω καταλήξεις και στη συνέχεια να γράψετε δικές σας προτάσεις με πέντε από αυτά:

το πλήθ-                    τα μήκ-

τα στελέχ-                  του πλάτ-

του μήκ-                    το βάθτο τείχ-                         του πελάγ-

των τειχ-                        τα εδάφ-

των εδαφ-                        του βάθ-


## Ορθογραφία

### -οντας ή -ώντας;

Πολλές φορές χρησιμοποιούμε μετοχές στο γραπτό λόγο. Πώς ξεχωρίζουμε όμως τη σωστή ορθογραφία τους; Οι μετοχές των ρημάτων που τονίζονται στην παραλήγουσα, π.χ. κάνω, βλέπω, τρέχω, παίζω γράφονται με -οντας. Έτσι, γράφουμε: παίζ-**οντας**, τρέχ-**οντας**, βλέπ-**οντας** κλπ. Βλέπουμε πως εδώ το **-ο** δεν τονίζεται.

Αντίστοιχα, οι μετοχές των ρημάτων που τονίζονται στη λήγουσα, π.χ. κρατώ, αγαπώ, σταματώ κλπ. γράφονται με **-ώντας**. Έτσι, γράφουμε: κρατ-**ώντας**, αγαπ-**ώντας**, κλπ. Βλέπουμε πως εδώ το -ω τονίζεται.


## Άσκηση

Να γράψετε τις μετοχές των παρακάτω ρημάτων που βρίσκονται στην παρένθεση:


α. Το μωρό έφτασε στην κουζίνα ......................... (μπουσουλάω).

β. ...................... (βλέπω) και .......................(κάνω) μου είπε η μητέρα μου.

γ. Τα παιδιά έφυγαν για την εκδρομή τους ......................... (γελάω) και ........................... (τραγουδώ).

δ. ........................ (φεύγω) από το σπίτι, ξέχασα να κλειδώσω την εξώπορτα.

ε. Φτάσανε στο αντικρινό νησάκι από τη στεριά ..................... (κολυμπώ).

στ. ...................... (περνώ) από τη διασταύρωση κάθε πρωί, πάντα κοιτάζω δεξιά και αριστερά.

ζ. Μην ...................... (μπορώ) να αντιδράσει διαφορετικά, αναγκάστηκε να το δεχτεί.

η. ........................ (γνωρίζω) τη δύσκολη κατάσταση, αποφάσισε να μη μιλήσει στη μητέρα του.

## Άσκηση

Να σχηματίσετε τις μετοχές των παρακάτω ρημάτων:

| | |
|---|---|
| κρατώ | δείχνω |
| πιστεύω | σβήνω |
| θέλω | ακούω |
| μένω | ζω |
| θεωρώ | ελπίζω |
| οδηγώ | αντέχω |
| επιμένω | αγαπώ |
| αξιολογώ | στηρίζω |
| αγγίζω | μετρώ |

# 5η Ενότητα

## Ας βάλουμε τον αθλητισμό στη ζωή μας!

Στην ενότητα αυτήν θα μάθεις ή και θα θυμηθείς:

√ **Τη** σημασία του αθλητισμού ως ιδέα

√ **Τη** σπουδαιότητα της ατομικής και ομαδικής άθλησης

√ **Θα** γνωρίσεις σπουδαίους αθλητές

√ **Θα** μιλήσουμε για τους Ολυμπιακούς αγώνες από την αρχαιότητα

√ **Πώς** χρησιμοποιούμε συνδετικές λέξεις στην παράγραφο

√ **Την** κλίση των ανισοσύλλαβων αρσενικών ουσιαστικών σε -ης και -ες

√ **Το** σχηματισμό επιρρημάτων από επίθετα

# Κείμενο

## Η νίκη του Σπύρου Λούη

Στο χάνι του Μιλτιάδη, στο Μαραθώνα, το μεσημέρι, ήταν όλοι παρόντες.

Η εφορευτική επιτροπή, ο αφέτης, που είχε το γενικό πρόσταγμα, κόσμος σκαρφαλωμένος ακόμη και στη στέγη, κι ο παπα-Βελιώτης, ο τοπικός ιερέας, που έπινε το κρασάκι του κι έλεγε ευχές: «Του Κυρίου δεηθώμεν, Κύριε Ιησού Χριστέ, ο Θεός ημών, αγαθέ και φιλάνθρωπε...».

Ο Παπαδιαμαντόπουλος με δυνατή φωνή έδινε οδηγίες σε όλους. Έριξε ένα βλέμμα στο Λούη για να τον τονώσει και να τον ενθαρρύνει. Φαινόταν ψύχραιμος, αλλά μέσα του, εκείνο το αίσθημα του χρέους ήταν βαρύ κι ασήκωτο και δεν ήξερε αν θα το άντεχε.

Εκτός απ' αυτόν, κι άλλοι Έλληνες είχαν περάσει στους προκριματικούς. Ο Βασιλάκος, σπουδαίο παλικάρι, ο Μπελόκας, ο Χριστόπουλος, ο Γρηγορίου, ο Γερακάκης και μερικοί ακόμη Μαρουσιώτες.

Ακούγοντας όμως γλώσσες διάφορες γύρω του, αγγλικά, ουγγρικά, γαλλικά, και ονόματα όπως Lermiseaux, Flack, Burke, Kelner, ένιωθε άβολα στην ίδια του την πατρίδα. Τους χαιρετούσε με μια αμήχανη κίνηση του κεφαλιού. Τους θαύμαζε αυτούς τους αντιπάλους του που είχαν έρθει από μακριά να διεκδικήσουν τη νίκη.

Και σκεφτόταν: «Αυτός ο Γάλλος, ο Μπρεάλ, θα τους έκανε όλους καρδιακούς με την ελληνολατρία του, το ειδικό έπαθλο για το δρόμο αντοχής, το θρύλο, που φλόγισε τη φαντασία όλων, και γι' αυτό δόθηκε σ' αυτό το αγώνισμα πανηγυρικός τόνος».

— Να προσέξεις το Λερμιζό. Είναι μεγάλο όνομα του παρισινού αθλητισμού, είναι επικίνδυνος, του ψιθύρισε ο Βασιλάκος.

Μπροστά τους ξανοίγονταν 40 επίπονα και σκληρά χιλιόμετρα.

«Άραγε», αναρωτήθηκε ο Σπύρος, «ο Μπρεάλ ήξερε πόσο μεγάλη ήταν η απόσταση από το Μαραθώνα ως την Αθήνα όταν αγωνοθέτησε το μαραθώνιο;».

Στις δύο ακριβώς δόθηκε το σήμα της εκκίνησης.

Σαν σαΐτα πετάχτηκε οδηγώντας την κούρσα ο Γάλλος. Πίσω του πήγαινε ο Αυστραλός Φλακ και παραπίσω οι Έλληνες, μια παρέα.

«Γιατί έχουν πάρει τόση φόρα;», αναρωτιόταν ο Λούης τρέχοντας μαλακά. «Έχουμε ακόμη τόση απόσταση».

Μπροστά τους ο δρόμος άδειος, αλλά και από τις δυο μεριές στα ρείθρα στριμωχνόταν κόσμος πολύς, που έκανε το τοπίο χρωματιστό και ενδιαφέρον. Κι ενώ το γύριζε προς τη βροχή, ξαφνικά ο αέρας ήρθε να τον τυλίξει ευωδιαστός, λες κι έβγαινε απ' τα σγουρά μαλλιά της άνοιξης. Μεγαλείο και φόβος γέμισαν την ψυχή του. Οι ήχοι έφταναν στ' αυτιά του παράξενοι, ήχοι από πέταλα αλόγων, βήματα, φωνές, ένα κοτσύφι κελαηδούσε, ζούσε σε όνειρο και ξαφνικά συνειδητοποίησε ότι είχε ζήσει 24 χρόνια για να τρέξει αυτή τη διαδρομή. Αυτός ο δρόμος, αυτή η τρεχάλα, αν προσπαθούσε, θα του χάριζε την αθανασία. Η στιγμή αυτή θα υπήρχε αιώνια κάπου γραμμένη. Ως τότε δεν το είχε σκεφτεί καθόλου αυτό.

Ως το Χαρβάτι, ο Γάλλος πήγαινε πρώτος με το Φλακ, τον Αυστραλό, ξοπίσω του. Εκεί του έδωσαν να πιει ένα ποτήρι κρασί. Το ήπιε σαν να ήταν το νέκταρ των θεών. Έβρεξε με λαχτάρα τον ουρανίσκο του. Η ρετσίνα πυροδότησε τις δυνάμεις του. Χαιρέτησε το πλήθος με το πλατύ του χαμόγελο.

Ο Λούης ένιωθε δίπλα του την ανάσα του κόσμου, τον παλμό του. Και τα πεύκα και πέρα οι ελιές, τα κυπαρίσσια έτρεχαν κι αυτά μαζί του. Τα τοπία εναλλάσσονταν, τα τοπία της πατρίδας του, όλη η Ελλάδα έτρεχε μαζί του. Μα είχε μια τέτοια αναστάτωση στην ψυχή, που δεν μπορούσε να χαρεί αυτήν τη φυσική ομορφιά.

Μέσα του φυσούσε ένας δυνατός άνεμος, και το στερέωμα της ψυχής του το δονούσαν απανωτοί κεραυνοί.

«Είσαι καλός δρομέας, με μεγάλο διασκελισμό», ξανάρχονταν στο μυαλό του τα λόγια του Παπαδιαμαντόπουλου.

Άλλο όμως είναι να τρέχεις για το κέφι σου στα δάση και στα λαγκάδια, να στρίβεις εξοχικές γωνιές με το παχνιασμένο γρασίδι της αυγής και τα πουλιά στον αέρα να σε συνοδεύουν τραγουδιστά, κι άλλο να βαστάς στους ώμους σου τις ελπίδες ενός έθνους, οι ελπίδες ενός έθνους να βασίζονται στις πατούσες σου.

Οι Μαρουσιώτισσες, όλες, που κατέβηκαν από το χωριό, κι είχαν μαζί τις κατσίκες τους, στέκονταν στην άκρη του σκονισμένου δρόμου σ' όλη τη διαδρομή και σκούπιζαν τα δάκρυα με τις μαντίλες τους.

— Σπύρο! Σπύρο! Άντε, παιδί μου! Με το καλό! τον επευφημούσαν.

Παρόλο που ένιωθε απερίγραπτη μοναξιά, χαμογελούσε συνεχώς σ' αυτή την Ελλάδα που τον συνόδευε. Κι ο πόθος να χαροποιήσει αυτό τον κόσμο θρονιάστηκε στην καρδιά του.

Έβαλε φόρα να προλάβει το Γάλλο και τον Αυστραλό. Η φωτιά, η ελπίδα της νίκης, φούντωσε μέσα του και κόντευε να τον κάψει. Μετά το 32ο χιλιόμετρο όλα εξελίχθηκαν ευνοϊκά γι' αυτόν. Ο ένας μετά τον άλλον οι αντίπαλοί του κουράζονταν και αποσύρονταν. Έβαλε τα δυνατά του και πέρασε πρώτος, ακμαίος και κεφάτος. Ήταν βέβαιος πια για τη νίκη του, αφού λυτρώθηκε από τους επικίνδυνους αντιπάλους του.

Όσο πλησίαζε προς τους Αμπελόκηπους, ο ενθουσιασμός του κόσμου εκδηλωνόταν με χίλιους δύο τρόπους λατρείας: με λουλούδια, με στεφάνια, με λυγμούς, με συγκίνηση. Εκείνος, κάτασπρος από τη σκόνη του δρόμου, με μάτια λαμπερά, που γυάλιζαν σαν να είχε πυρετό, τους άκουγε, τους έβλεπε, τους αγαπούσε όλους, αποτύπωνε χρώματα, φυσιογνωμίες για να τις θυμάται μια ολόκληρη ζωή. Μέσα στην υπερέντασή του θυμόταν πού και πού να σκουπίζει το μουστάκι του από τον ιδρώτα.

— Κουράγιο! Κουράγιο! Λίγο ακόμα!, τον παρότρυνε ο κόσμος παραληρώντας.

Δεν αισθανόταν κουρασμένος, αλλά μόνος, παράξενα μόνος, κι ας τον συνόδευε η ψυχή του κόσμου, που λαχταρούσε μια νίκη, που θα τους ενίσχυε την περηφάνια, που το είχαν τόσο ανάγκη.

Ο Λούης πετάει προς το στάδιο. Ηλιοκαμένος, με τις ποδάρες του ν' ακροπατούν στο χώμα, να παίρνουν δύναμη και να τινάζονται ψηλά για το επόμενο βήμα, το βήμα του θριάμβου.

Ο Λούης πετάει προς το στάδιο, που περιμένει να τον υποδεχτεί ντυμένο στα άσπρα του μάρμαρα.

Με τις μεγάλες τους στολές τον περιμένουν όλοι. Βασιλείς, επίσημοι, αξιωματικοί, ιππείς, πυροβολητές με ασημένια σιρίτια, τα αμφιμασχάλια, τα πολύχρωμα λοφία τους. Τον περιμένουν οι κυρίες με τα χρωματιστά φορέματα και τα καπέλα τους. Τον περιμένει μια φανταχτερή, μια αλησμόνητη εικόνα.

Ο Λούης πετάει προς το στάδιο. Πλησιάζει.

Το αδιαχώρητο σ' όλο του το μεγαλείο. Απόλυτη ησυχία. Έχει δοθεί η εντολή: «Μη φωνάζετε, μη χειροκροτείτε, μη συγκινήσετε το μαραθωνοδρόμο, όποιος κι αν είναι».

Κανείς δεν προσέχει το αγώνισμα του άλματος επί κοντώ που διεξάγεται στο στίβο. Όλοι έχουν στραμμένα τα μάτια προς την πύλη απ' όπου θα μπει ο νικητής.

Ο Λούης πετάει προς το στάδιο. Είναι σχεδόν απ' έξω. Είναι αδύνατο να βρίσκεται έστω και ένας εκείνη τη μέρα που να μη θέλει με όλη του την ψυχή να νικήσει στο μαραθώνιο Έλληνας. Ο μαραθώνιος είναι υπόθεση ελληνική. Έλληνας πρέπει να τον κερδίσει.

Πέντε και είκοσι ακούγεται ο κρότος του τηλεβόλου. Πώς ανατριχιάζει η θάλασσα όταν την ταράζει ξαφνικά ο άνεμος; Πώς γίνεται όταν συγκινείσαι με τη θωπεία της πασχαλιάτικης αύρας; Πώς γίνεται όλος εκείνος ο κόσμος να είναι ενωμένος μ' έναν πόθο και μια ευχή;

Σηκώνονται όλοι όρθιοι. Δε φωνάζουν. Περιμένουν. Με αγωνία. Με μια καρδιά ν' ανασαίνει στον ίδιο ρυθμό. Με δυο μάτια να βλέπουν προς την είσοδο.

— Είναι Έλλην!

Ο αριθμός 17 υψώνεται στο κοντάρι. Είναι ο αριθμός της φανέλας του Λούη.

— Και βέβαια είναι Έλλην! Έλλην! Είναι Έλλην!

Την ανυπομονησία τη διαδέχεται η ξέφρενη χαρά, ανοίγει ο δρόμος να περάσει ο νικητής, ο κόσμος χειροκροτεί, αλαλάζει, κουνάει μαντίλια, πετάει καπέλα, υψώνει σημαιάκια, κλαίει και δίνει φιλιά.

Μια νικητήρια ιαχή κυλά πάνω στις κερκίδες. Ο αντίλαλος γίνεται ήχος μεγάλος, σμίγει με τον ήλιο, που πάει να βασιλέψει και βάφει με χρώματα το λοφάκι του Αρδηττού, ύστερα επιστρέφει να σμίξει με τις μπάντες που παιανίζουν.

Εκεί, στο Παναθηναϊκό στάδιο, οι Έλληνες ξεφωνίζουν σ' ένα χώρο που τους ανήκει από παλιά. Ένα χώρο με εθνικό παρελθόν, ένα χώρο που αποκτά και εθνικό παρόν, μ' ένα νερουλά από το Μαρούσι που έτρεξε 40 χιλιόμετρα σε δύο ώρες, 58 πρώτα και 50 δευτερόλεπτα.

(Αγγελική Βαρελλά, Καλημέρα. Απόσπασμα από το βιβλίο «Ελπίδα», Πατάκης)


**Ερωτήσεις**

1. Το παραπάνω απόσπασμα αναφέρεται στη νίκη του Έλληνα μαραθωνοδρόμου Σπύρου Λούη. Ποια συναισθήματα έχει κατά την εκκίνηση και ποια στη διάρκεια του αγώνα;

2. Περιγράψτε τα συναισθήματα του κόσμου που παρακολουθεί τον αγώνα δρόμου.

3. Ψάξτε και βρείτε πληροφορίες για το Σπύρο Λούη και παρουσιάστε τις στην τάξη.

**Κείμενο**
**Αθλητισμός = Ζωή!**

Ο αθλητισμός **συνδέεται** από τους αρχαίους χρόνους με τη σωματική και ψυχική υγεία ενός ανθρώπου. Το να γυμνάζουμε το σώμα μας με διάφορους τρόπους είναι απαραίτητο ιδιαίτερα στη σημερινή κοινωνία, όπου οι γρήγοροι ρυθμοί και η καθιστική ζωή το **επιβάλλουν**.

Μπορούμε επομένως να ξεκινήσουμε από την πιο απλή καθημερινή συνήθεια, που δεν είναι άλλη από το περπάτημα, και να εντάξουμε στη ζωή μας σιγά σιγά και το τρέξιμο. Εκτός από το περπάτημα, και η κολύμβηση εξίσου θεωρείται ένας πολύ καλός τρόπος εκγύμνασης του σώματος που **συμβάλλει** όχι μόνο στη μυϊκή ενδυνάμωση, αλλά και στην ψυχική υγεία.

Είναι πολλές οι φορές που επιστρέφουμε είτε από το σχολείο είτε από τη δουλειά μας κουρασμένοι και το μόνο που επιθυμούμε είναι να ξεκουραστούμε. Αυτό όμως που δεν πρέπει να ξεχνάμε είναι ότι έστω και με μισή ώρα κίνηση, τα οφέλη είναι σημαντικά για τον εαυτό μας. **Σημαντικό** όφελος είναι ότι αποκτά κάποιος αντοχή και δύναμη. Κατά συνέπεια, είναι σε θέση να αντεπεξέρχεται με μεγαλύτερη ευκολία στις καθημερινές δυσκολίες.

Εξίσου σημαντικό είναι και το ψυχικό όφελος. Οι άνθρωποι σήμερα έχουν απομονωθεί και κλειστεί στον εαυτό τους και πολλοί **αδυνατούν** να έχουν μία φυσιολογική ζωή εξαιτίας των διαφόρων προβλημάτων που αντιμετωπίζουν. Με την άθληση **αποβάλλεται** το άγχος και ο άνθρωπος νιώθει μία ικανοποίηση και ευχαρίστηση, που τον βοηθούν να έχει όχι μόνο καλύτερη υγεία, αλλά και ψυχική **ευεξία**.

Ο αθλητισμός όμως βοηθά και στη βελτίωση των σχέσεων με τους συνανθρώπους μας. Αν για παράδειγμα συμμετέχουμε σε ομαδικά αθλήματα (π.χ. ποδόσφαιρο, μπάσκετ, βόλει), ή σε κάποια τμήματα σε οργανωμένα γυμναστήρια (π.χ. γιόγκα), ερχόμαστε σε επαφή με άλλους ανθρώπους και μοιραζόμαστε κοινές εμπειρίες μαζί τους. Ειδικά μέσω των ομαδικών αθλημάτων ενισχύεται η συνεργασία, η ομαδικότητα και ο σεβασμός στον αντίπαλο. Είτε ένας περίπατος στο δάσος, είτε η ένταξη σε μία ομάδα και έναν αθλητικό σύλλογο ή ακόμη και η γυμναστική στο σπίτι, είναι ευκαιρία να πάρουμε στα σοβαρά το σώμα και την ψυχή μας και να τα αγαπήσουμε. Ξεκινάμε;                                    (επιμέλεια κειμένου, Σ. Δημοπούλου)


**Ερωτήσεις**

1. Να γράψετε την περίληψη του κειμένου σε 50 λέξεις.

2. Να αναφερθείτε σε άλλα πιθανά οφέλη που έχει ο άνθρωπος από τον αθλητισμό.

3. Να αντικαταστήσετε τις λέξεις με έντονα στοιχεία με συνώνυμες και στη συνέχεια να κάνετε προτάσεις.

## Κείμενο για γνώση
### Ολυμπιακοί αγώνες και αρχαία Ελλάδα

Οι αρχαίοι Ολυμπιακοί αγώνες ήταν μία αθλητική διοργάνωση που διεξαγόταν κάθε 4 χρόνια στον ιερό τόπο της Ολυμπίας, στη δυτική Πελοπόννησο, προς τιμήν του Δία, του υπέρτατου θεού της ελληνικής θρησκείας. Οι Ολυμπιακοί αγώνες, που περιλάμβαναν συμμετέχοντες και θεατές από όλη την Ελλάδα – και όχι μόνο – αποτελούσαν το σημαντικότερο πολιτιστικό γεγονός στην αρχαία Ελλάδα και διοργανώνονταν από το 776 π.Χ. έως το 393 μ.Χ., μετρώντας έτσι 293 συνεχόμενες Ολυμπιάδες. Οι αγώνες αυτοί ήταν τόσο σημαντικοί για την αρχαιότητα, που χρησιμοποιούνταν ως σημείο αναφοράς στα ημερολόγια.

Οι πρώτοι Ολυμπιακοί αγώνες διεξήχθησαν το 776 π.Χ. προς τιμήν του Δία. Ολυμπιάδα δεν ονομαζόταν μόνο η διοργάνωση αλλά και η περίοδος μεταξύ των αγώνων. Οι αγώνες ξεκινούσαν με μία πομπή, η οποία άρχιζε από την πόλη υποδοχής, την Ήλις και κατέληγε στην Ολυμπία. Την πομπή αυτή καθοδηγούσαν οι ελλανοδίκες (δικαστές). Κατά την άφιξή τους στην Ολυμπία, όλοι οι αθλητές και οι υπεύθυνοι έδιναν έναν όρκο για να τηρήσουν όλους τους θεσπισμένους κανόνες των διαγωνισμών και για να αγωνιστούν με τιμή και σεβασμό. Η πιο σημαντική θρησκευτική τελετή της διοργάνωσης ήταν η θυσία 100 βοδιών στο βωμό του Δία, γνωστή και ως εκατόμβη, η οποία διεξαγόταν στο τέλος των αθλητικών διοργανώσεων.

Κήρυκες ή αλλιώς σπονδοφόροι, στέλνονταν από την Ήλις σε όλη την Ελλάδα για να αναγγέλλουν την έναρξη των Ολυμπιακών αγώνων. Θεατές έρχονταν όχι μόνο από την ηπειρωτική χώρα αλλά και από τα νησιά, την Ιωνία και τη Μεγάλη Ελλάδα. Προκειμένου να διευκολυνθούν στη μετακίνησή τους οι θεατές και οι αθλητές και προς ένδειξη σεβασμού της θρησκευτικής αξίας των αγώνων, κηρυσσόταν εκεχειρία σε όλο τον ελλαδικό χώρο. Οι γυναίκες δεν επιτρεπόταν να συμμετάσχουν ή να παρακολουθήσουν τους αγώνες, αν και τα νεαρά κορίτσια μπορούσαν να βρίσκονται μέσα στο πλήθος. Μία γνωστή παραβίαση του κανόνα αυτού είναι η περίπτωση της Καλλιπάτειρας. Είχε προπονήσει τον γιο της, Πεισίροδο, και όταν κέρδισε τον αγώνα, εκείνη, πανηγυρίζοντας υπερβολικά την νίκη του μέσα στο πλήθος, έβγαλε τα ρούχα της και έτσι αποκαλύφθηκε το φύλο της. Εν τέλει όμως δεν της επιβλήθηκε η προβλεπόμενη θανατική ποινή, καθώς προερχόταν από μία οικογένεια της οποίας τα μέλη είχαν στεφθεί νικητές σε αγωνίσματα.

Οι αθλητές προπονούνταν υπό την επίβλεψη των επαγγελματιών προπονητών (γυμναστές) ή των ειδικών εκπαιδευτών (παιδοτρίβες), οι οποίοι γνώριζαν τον καλύτερο τρόπο για την ενδυνάμωση συγκεκριμένων μυών, την καταλληλότερη διατροφή και τον κατάλληλο αριθμό ασκήσεων που έπρεπε να γίνουν. Οι αθλητές που διακρίνονταν, συνήθως τιμούσαν τους προπονητές τους στήνοντάς τους άγαλμα στο μέρος των αγώνων. Υπήρχαν επίσης και οι αλείπτες, οι οποίοι άλειφαν τους αθλητές με λάδι και τους έκαναν μαλάξεις πριν και μετά την προπόνηση. Οι αθλητές αγωνίζονταν γυμνοί, κατά πάσα πιθανότητα για να μπορούν να κινηθούν άνετα. Μπορούσαν να συμμετάσχουν όλοι οι Έλληνες άνδρες που ήταν ελεύθεροι. Η λίστα μάλιστα των νικητών δείχνει τον πανελλήνιο χαρακτήρα των αγώνων, αφού ερχόντουσαν από κάθε μεριά της Ελλάδας, ενώ κατά τη Ρωμαϊκή εποχή, επιτρεπόταν να συμμετάσχουν και οι ξένοι αθλητές.

(άρθρο του Marc Cartwright ελαφρώς διασκευασμένο, μετάφραση Γ. Τσουκαλά. www.worldhistory.org.)

**Επεξήγηση εικόνων**

 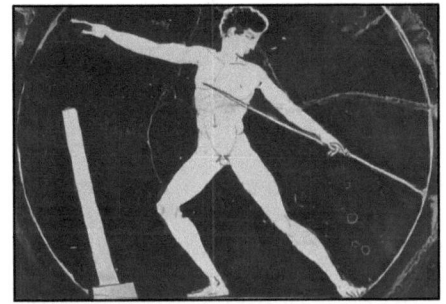

(πηγή εικόνων, www.users.sch.gr)

Ποια αγωνίσματα των Ολυμπιακών αγώνων της αρχαιότητας αναγνωρίζετε στις παραπάνω εικόνες; Να τα περιγράψετε και να βρείτε ομοιότητες με τους σημερινούς Ολυμπιακούς αγώνες.

## Διαθεματική εργασία

Χωριστείτε σε ομάδες και συγκεντρώστε πληροφορίες για μια αγαπημένη σας αθλήτρια ή έναν αγαπημένο σας αθλητή. Στη συνέχεια, ετοιμάστε σχετικές ερωτήσεις που θα της/του κάνατε σε μία υποτιθέμενη συνέντευξη και παρουσιάστε την μέσα στην τάξη στους αντίστοιχους ρόλους δημοσιογράφου-αθλήτριας/-ή.

## Σύνταξη

### Χρήση συνδετικών λέξεων στην παράγραφο

Οι συνδετικές λέξεις που χρησιμοποιούνται σε μία παράγραφο είναι σημαντικές για την ομαλή ανάπτυξη της θεματικής πρότασης. Οι συνδετικές λέξεις εκφράζουν αντίθεση, επιβεβαίωση, συμπέρασμα, αιτιολόγηση κλπ. Κάποιες από αυτές είναι: αλλά, όμως, άρα, επομένως, δηλαδή, γιατί κ.ά.

## Παράδειγμα

Το μπάσκετ είναι από τα πιο γνωστά ομαδικά αθλήματα. Αυτό σημαίνει **δηλαδή** ότι κάθε ομάδα αποτελείται από πέντε παίκτες, οι οποίοι προσπαθούν να πετύχουν όσα περισσότερα καλάθια μπορούν. **Έτσι**, όποιος πετύχει τους περισσότερους πόντους, είναι ο νικητής. **Επίσης**, οι αθλητές του μπάσκετ είναι κατά κανόνα πολύ ψηλοί, για να μπορούν πιο εύκολα να βάζουν τη μπάλα στο καλάθι. **Άρα**, για να παίξει κανείς μπάσκετ, πρέπει όχι μόνο να έχει το ανάλογο ταλέντο, **αλλά** και το απαραίτητο ύψος.

## Άσκηση

Αναπτύξτε με τον ίδιο τρόπο μία δική σας παράγραφο σε ένα θέμα της αρεσκείας σας, χρησιμοποιώντας συνδετικές λέξεις.

## Γραμματική
**Θυμάμαι την κλίση αρσενικών ουσιαστικών σε -ης και -ες**

Κλίση ανισοσύλλαβων αρσενικών ουσιαστικών σε **-ης και -ες.**

Ανισοσύλλαβα ονομάζονται, γιατί στον πληθυντικό αριθμό έχουν περισσότερες συλλαβές. Τα ξεχωρίζουμε από τα ισοσύλλαβα σε -ης, όπως ο αγρότης, οι αγρότες.

| Ενικός | Πληθυντικός |
|---|---|
| ο     μανάβ-ης | οι   μανάβ-ηδες |
| του  μανάβ-η | των μανάβ-ηδων |
| το(ν) μανάβ-η | τους μανάβ-ηδες |
| μανάβη | μανάβ-ηδες |
| ο     καφ-ές | οι   καφ-έδες |
| του   καφ-έ | των  καφ-έδων |
| τον   καφ-έ | τους καφ-έδες |
| καφ-έ | καφ-έδες |

**Ασκήσεις**

1. Να κλίνετε στο τετράδιό σας τα παρακάτω ουσιαστικά: ο μπακάλης, ο ταξιτζής, ο παλιατζής, ο μπουφές, ο κεφτές, ο τενεκές.

2. Να γράψετε σωστά τους τύπους των ουσιαστικών:

α. Το καπάκι του ........................ (τενεκές) έχει σκουριάσει.

β. Πολλούς ..................... (καφές) έχεις πιει απ' το πρωί και θα σε πειράξουν.

γ. Μόλις πλησιάζεις, πες του ................ (ταξιτζής) να σε αφήσει στη γωνία κοντά στο περίπτερο.

δ. Στα παλαιότερα χρόνια τα τρόφιμα τα πουλούσαν οι ................ (μπακάλης).

ε. Στον ............... (μπουφές) της γιαγιάς μπορούσε κάποιος να βρει τα πιο απίστευτα πράγματα.

## Δημιουργώ επιρρήματα από επίθετα

Τα επιρρήματα στη νέα ελληνική γλώσσα συνήθως έχουν κατάληξη σε **-ως** και **-α** και εκφράζουν τρόπο, χρόνο, τόπο, σκοπό, κ.ά. Μπορούμε να σχηματίσουμε από ένα επίθετο ένα επίρρημα ως εξής:

π.χ. όμορφ-ος - όμορφ-**α**, άμεσ-ος – αμέσ-**ως**, κλπ.

### Άσκηση

Να σχηματίσετε τα επιρρήματα από τα παρακάτω επίθετα:

α. Ο Νίκος μου είπε πως πέρασε πολύ ................... (ωραίος) στην εκδρομή.

β. Τα νέα που μου είπε η φίλη μου ήταν πολύ ................... (άσχημος).

γ. ..................... (καλός) να πας αύριο, γιατί σήμερα θα έχει πολύ κόσμο.

δ. Το αεροπλάνο πετούσε τόσο ..................... (χαμηλός), που νόμιζες πως θα πέσει στις στέγες των σπιτιών.

ε. Μου μίλησε πολύ ................... (φιλικός), αν και δεν τον γνώριζα.

στ. ................... (ευχάριστος) να σας εξυπηρετήσω!

ζ. Θέλω ................... (απλός) να σου υπενθυμίσω τις δουλειές που έχεις για σήμερα.

η. Ήταν πολύ ................ (ψηλός) στην παγκόσμια κατάταξη ο αθλητής και σκόπευε να διατηρήσει το ρεκόρ του.

θ. Περάσαμε ..................... (υπέροχος) στο ταξίδι μας!

ι. Ήταν ..................... (αρκετός) νωρίς για να πάμε για ύπνο.

# 6η Ενότητα

## Γνωριμία με το παρελθόν

Στην ενότητα αυτήν θα μάθεις ή και θα θυμηθείς:

√ **Τη** σημασία του να γνωρίζεις το παρελθόν

√ **Τη** σημασία του να γνωρίζεις την ιστορία του τόπου σου

√ **Την** περιήγηση σε ένα μουσείο

√ **Να** περιγράφεις τη δική σου εμπειρία σε ένα μουσείο

√ **Τους** πιο γνωστούς μυθικούς ήρωες

√ **Πώς** εκφράζουμε την αιτία

√ **Τα** τρία γένη των επιθέτων

**Κείμενο**

**Μα γιατί να μάθω ιστορία;**

Μια συνηθισμένη απορία των μαθητών είναι γιατί διδάσκονται ιστορία στο σχολείο. Το μάθημα συνήθως το θεωρούν βαρετό, ίσως επειδή πρέπει να αποστηθίζουν μεγάλα κομμάτια απ' έξω, χωρίς πολλές φορές να κατανοούν τη σημασία του μαθήματος. Στα ελληνικά σχολεία η ιστορία διδάσκεται ήδη από την τρίτη τάξη του δημοτικού σχολείου. Οι εποχές που καλύπτει το μάθημα ξεκινούν από την προϊστορία και φτάνουν ως τη νεότερη και σύγχρονη ιστορία.

Στο ερώτημα γιατί να διδάσκεται η ιστορία στο σχολείο, η απάντηση είναι απλή. Μα για να γνωρίσουμε το παρελθόν μας. Και γιατί να το γνωρίσουμε; «Εμείς βαδίζουμε μπροστά και όχι πίσω», θα έλεγε κάποιος. Γιατί απλούστατα, αν δε γνωρίζεις το παρελθόν σου, δεν έχεις μέλλον. Αυτό σημαίνει δηλαδή πως μέσα από τα ιστορικά γεγονότα και τις πράξεις των ανθρώπων, μπορούμε να αποφύγουμε λάθη στο παρόν.

Πέρα απ' αυτό, η επαφή με το χθες μας ενώνει και δεν ξεχνάμε τις παραδόσεις και την καταγωγή μας. Ειδικά όσοι ζουν στο εξωτερικό, έχουν ανάγκη να θυμούνται μέσα από γιορτές και διάφορες εκδηλώσεις την πατρίδα τους. Πολύ σημαντική στην επαφή αυτή θεωρείται η επίσκεψη στα μουσεία. Καλό θα είναι να πηγαίνουμε σε εκθέσεις, ώστε να γνωρίζουμε από κοντά όσο μπορούμε το παρελθόν, αλλά και για να ζήσουμε έστω και μέσα από τη φαντασία μας τη ζωή των αγαπημένων μας ηρώων ή να ζωντανέψουμε μια εποχή.

Η μνήμη μας πρέπει να παραμένει ζωντανή. Πρέπει να τιμάμε τους ανθρώπους που αγωνίστηκαν για μας και την ελευθερία μας. Να τους κρατάμε ζωντανούς όσο μπορούμε και να υπερασπιζόμαστε την ιστορία μας απέναντι σε όποιον απειλεί να την αλλάξει.

(επιμέλεια κειμένου, Σ. Δημοπούλου)

**Ερωτήσεις**

1. Να κυκλώσετε το **Σωστό** ή **Λάθος** στις παρακάτω προτάσεις:

α. Η ιστορία δεν είναι απαραίτητη στο σχολείο     Σ     Λ

β. Με την ιστορία καταλαβαίνουμε το σήμερα     Σ     Λ

γ. Όσοι ζουν στο εξωτερικό αγαπούν τις παραδόσεις     Σ     Λ

δ. Η επίσκεψη σε ένα μουσείο δε χρειάζεται     Σ     Λ

ε. Είναι χρέος μας να τιμάμε τους ήρωες     Σ     Λ

2. Να εξηγήσετε πώς γίνεται το μάθημα της ιστορίας στην τάξη σας και να προτείνετε τρόπους, ώστε να γίνει πιο ενδιαφέρον.

3. «Ειδικά όσοι ζουν στο εξωτερικό έχουν ανάγκη να θυμούνται μέσα από γιορτές και διάφορες εκδηλώσεις την πατρίδα τους». Να αναφερθείτε σε προσωπικές εμπειρίες σχετικά με τις εκδηλώσεις που συμμετέχετε στην πόλη που ζείτε.

# Κείμενο
## Μια βόλτα στο μουσείο

Όλοι μας έχουμε επισκεφθεί κάποιο μουσείο είτε με το σχολείο, είτε με την οικογένειά μας, είτε μόνοι μας. Αυτό που κάνει συναρπαστικά τα μουσεία είναι η ιστορία που κρύβουν μέσα τους, η οποία ζωντανεύει μέσα από τα εκθέματα και τις συλλογές.

Υπάρχουν διάφορα είδη μουσείων. Τα πιο γνωστά είναι τα αρχαιολογικά μουσεία, στα οποία μπορεί κανείς να θαυμάσει από κοντά έργα της γλυπτικής, αγγειογραφίας, μικροτεχνίας, νομισματικής των αρχαίων κυρίως χρόνων. Επίσης, πολύ διαδεδομένες είναι οι εθνικές πινακοθήκες, όπου εκεί υπάρχουν πίνακες γνωστών ζωγράφων. Το μουσείο ιστορίας κρύβει ιστορικούς θησαυρούς διαφόρων εποχών, ενώ το μουσείο φυσικής ιστορίας είναι πολύ ελκυστικό ιδιαίτερα για τα παιδιά, γιατί στα περισσότερα από αυτά βλέπει κανείς ζώα από την προϊστορική εποχή και μαθαίνει πολλά για τους δεινόσαυρους. Τέλος, άλλα είδη μουσείων είναι το λαογραφικό, το ναυτικό, το πολεμικό, του διαστήματος, μουσεία ωκεανογραφικά, στα οποία μπορεί κανείς να έρθει σε επαφή με το θαλάσσιο βυθό, όπως είναι το μουσείο του Κουστώ στο Μονακό, κλπ.

Ας γνωρίσουμε μέσα από τις παρακάτω εικόνες μερικά από τα ωραιότερα μουσεία του κόσμου…

(επιμέλεια κειμένου, Σ. Δημοπούλου)

Εικ. 1  (πηγή, www.in.gr)

Εικ. 2 (πηγή, www.musement.com)

Εικ. 3  (πηγή, www.pixabay.com)

Εικ. 4 (πηγή, www.travelsif.gr)

**Εικόνα 1**

**Εθνικό Αρχαιολογικό Μουσείο Αθηνών**

Είναι το μεγαλύτερο αρχαιολογικό μουσείο στην Ελλάδα και διαθέτει τις πιο πλούσιες συλλογές σε έργα γλυπτικής, κεραμικής, χαλκουργίας, προϊστορικής και αιγυπτιακής τέχνης. Αν βρεθείτε στην Αθήνα, αξίζει οπωσδήποτε να το επισκεφθείτε!

## Εικόνα 2

### Νέο Μουσείο Ακροπόλεως

Είναι το δεύτερο σε σπουδαιότητα ελληνικό μουσείο. Ιδρύθηκε το 2009 και στεγάζει τα σημαντικότερα ευρήματα από το λόφο της Ακροπόλεως στην Αθήνα, αλλά όσα γλυπτά του Παρθενώνα βρίσκονται στην Αθήνα. Σύγχρονο και μοντέρνο αρχιτεκτονικά μουσείο, που κάθε χρόνο προσελκύει μεγάλο αριθμό τουριστών.

## Εικόνα 3

### Μουσείο Λούβρου

Βρίσκεται στο Παρίσι και διαθέτει από τις μεγαλύτερες και σπουδαιότερες συλλογές έργων τέχνης. Ανάμεσά τους και ο περίφημος πίνακας της Τζοκόντα του Λεονάρντο Ντα Βίντσι και η Νίκη της Σαμοθράκης.

## Εικόνα 4

### Μουσείο του Πράδο

Βρίσκεται στη Μαδρίτη και αποτελεί τη μεγαλύτερη πινακοθήκη στον κόσμο, αφού εκεί συγκεντρώνονται οι σπουδαιότεροι πίνακες ζωγραφικής των μεγάλων ζωγράφων.

Δε θα μπορούσαμε βέβαια να μην αναφερθούμε και στο μουσείο αιγυπτιακών αρχαιοτήτων στο Κάιρο, στο μουσείο του Βαν Γκογκ στο Άμστερνταμ, στο Βρετανικό Μουσείο στο Λονδίνο, στο μουσείο της Περγάμου στο Βερολίνο, στο Μουσείο του Ερμιτάζ στην Αγία Πετρούπολη, κλπ.

**Εργασία**

Να ψάξετε πληροφορίες για διάσημα μουσεία και να τις παρουσιάσετε στην τάξη είτε ατομικά είτε ομαδικά.

**Κείμενο**

**Ηρακλής εναντίον Θησέα**

Είναι βέβαιο ότι η ελληνική Μυθολογία συναρπάζει μικρούς και μεγάλους. Οι μύθοι γύρω από τους Ολύμπιους Θεούς, τους ήρωες της Ιλιάδας, τους ημίθεους αλλά και πολλούς άλλους, που με τα κατορθώματά τους ζωντανεύουν μια εποχή, μας προκαλούν το ενδιαφέρον. Μύθος δε σημαίνει απαραίτητα παραμύθι. Μπορεί να βασίζεται σε μία αληθινή ιστορία, στην οποία με το πέρασμα των χρόνων προστέθηκαν και φανταστικά στοιχεία. Έτσι, οι ήρωες του Τρωικού πολέμου (Οδυσσέας, Έκτορας, Αχιλλέας, Αίας, κ.ά.) κινούνται μεταξύ μύθου και πραγματικότητας, αλλά σίγουρα δεν είχαν υπερφυσικές δυνάμεις.

Δύο πολύ γνωστοί μυθικοί ήρωες ήταν ο Ηρακλής και ο Θησέας. Υπάρχει η παρακάτω διήγηση σχετικά με τη σχέση Ηρακλή και Θησέα: κάποτε ο Ηρακλής πέρασε από την Τροιζήνα, όπου τον φιλοξένησε ο βασιλιάς Πιτθέας. Έβγαλε λοιπόν τη λεοντή του (ήταν δέρμα με κεφάλι λιονταριού) και την άφησε κάτω. Μια παρέα μικρών παιδιών, μόλις είδαν την λεοντοκεφαλή τρόμαξαν και το έβαλαν στα πόδια. Μόνο ένα μικρό παιδί άρπαξε ένα τσεκούρι και όρμησε να σκοτώσει το λιοντάρι, νομίζοντας πως είναι αληθινό. Αυτό το παιδί δεν ήταν άλλο από τον Θησέα, τον εγγονό του βασιλιά Πιτθέα.

## Ηρακλής

Είναι γνωστοί οι 12 άθλοι του Ηρακλή που τους έκανε για να εξαγνιστεί από το φόνο των παιδιών και της γυναίκας του, όταν τον τρέλανε η Ήρα. Έτσι, πήγε στο Μαντείο των Δελφών από όπου και πήρε το χρησμό πως, αν κάνει αυτούς τους άθλους, θα εξαγνιστεί.

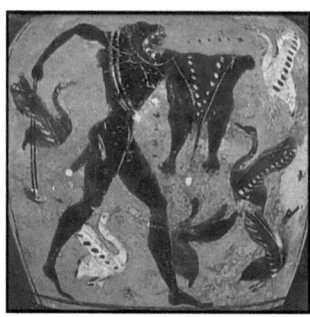

Ο Ηρακλής και οι Στυμφαλίδες όρνιθες (πηγή, www.users.sch.gr)

## Άσκηση

Να βρείτε με τη βοήθεια του διαδικτύου τους 12 άθλους του Ηρακλή και να τους παρουσιάσετε στην τάξη.

## Θησέας

Ο βασιλιάς της Αθήνας, ο Αιγέας, γυρνώντας κάποτε από το μαντείο των Δελφών, πέρασε από την Τροιζήνα. Εκεί γνώρισε την Αίθρα, την κόρη του βασιλιά Πιτθέα. Από αυτούς τους δυο γεννήθηκε ο Θησέας. Ενώ η Αίθρα ήταν ακόμη έγκυος, ο Αιγέας χρειάστηκε να γυρίσει στην Αθήνα. Πριν φύγει, έκρυψε το σπαθί και τα χρυσά σανδάλια του κάτω από ένα βράχο, δίπλα στο ναό του Δία και της είπε: «Αν το παιδί που θα γεννήσεις είναι αγόρι, όταν θα μεγαλώσει και θα μπορέσει να σηκώσει το βράχο, να πάρει το σπαθί και τα σανδάλια μου και να έρθει στην Αθήνα». (απόσπασμα από τον W. Burkert, Ελληνική Μυθολογία και Τελετουργία, ΜΙΕΤ, Αθήνα).

Έτσι, ξεκίνησε μία σειρά από τους άθλους του Θησέα, στους οποίους νίκησε πολλούς ληστές και κακοποιούς που τρομοκρατούσαν τους ανθρώπους.

Ο Θησέας σκοτώνει το Μινώταυρο (πηγή, www.ebook.edu.gr )

## Άσκηση
Ψάξτε πληροφορίες για τους άθλους του Θησέα και παρουσιάστε τους στην τάξη.

## Παραγωγή λόγου
Να γράψετε ένα mail στη φίλη/στο φίλο σας και να της/του περιγράψετε την επίσκεψή σας σε ένα μουσείο. Γράψτε όσες πιο πολλές λεπτομέρειες μπορείτε σχετικά με το τι είδατε.

## Σύνταξη - Αιτιολογικές προτάσεις

Πώς εκφράζουμε την αιτία; Η αιτία εκφράζεται με αιτιολογικές προτάσεις και με αιτιολογικούς συνδέσμους και φράσεις, όπως: γιατί, επειδή, διότι, αφού, μια(ς) και, που.

## Παραδείγματα

1. Ήθελε να φύγει αμέσως από το πάρτι, **γιατί** δεν αισθανόταν καλά.

2. Δικαιολογήθηκε στον προϊστάμενό του, **επειδή** καθυστέρησε να πάει στη δουλειά του.

3. Δε συμφωνώ μαζί σου, **διότι** όσα λες δεν έχουν καμία δόση αλήθειας.

4. Χαίρομαι **που** ήρθες.

5. **Αφού** δεν ήταν διαβασμένη, δεν έγραψε καλά στο διαγώνισμα.

6. **Μιας και** θέλετε να φύγετε, δεν επιμένω.

## Άσκηση

Να συμπληρώσετε τις παρακάτω προτάσεις με αιτιολογικούς συνδέσμους και φράσεις που δείχνουν την αιτία

α. Πήγε να τον δει.................................................................

β. Έγραψε καλά στο τεστ......................................................

γ. ................................., δεν μπόρεσε να πάει στην εκδρομή.

δ. ................................., σωστά το αποφάσισες.

ε. Περίμεναν πολλές ώρες στο αεροδρόμιο,............................

στ. ................................., έχασε πολλά κιλά.

**Γραμματική**

**Θυμάμαι τα γένη των επιθέτων**

Τα επίθετα σχηματίζουν τρία γένη αναλόγως της κατάληξής τους. Έτσι, τα πιο συνήθη είναι τα παρακάτω (τα επίθετα σε -ης-ης-ες καθώς και η κλίση τους, θα αναλυθούν σε άλλο μάθημα):

ο καλ-ός – η καλ-ή – το καλ-ό

ο γλυκ-ός – η γλυκι-ά – το γλυκ-ό

ο βαρ-ύς – η βαρ-ιά – το βαρ-ύ

ο θαλασσ-ής – η θαλασσ-ιά – το θαλασσ-ί

ο υπναρ-άς – η υπναρ-ού – το υπναρ-άδικο

ο τεμπέλ-ης – η τεμπέλ-α – το τεμπέλ-ικο

ο ενδιαφέρ-ων – η ενδιαφέρ-ουσα – το ενδιαφέρ-ον


**Άσκηση**

Να σχηματίσετε το γένος των παρακάτω επιθέτων όπου απαιτείται:

|  |  | το πλούσιο |
|---|---|---|
|  | η καφετιά |  |
| ο πλατύς |  |  |
|  | η ζηλιάρα |  |
| ο φωνακλάς |  |  |
|  |  | το ακριβό |
| ο κουτσομπόλης |  |  |
|  | η μέτρια |  |

**Άσκηση**

Να συμπληρώσετε τα επίθετα στις παρακάτω προτάσεις:

α. Προτιμώ να κάνω παρέα με ............... (απλός) και ............. (καλός) ανθρώπους.

β. Είναι πολύ ............ (τεμπέλης). Τις δουλειές της τις κάνουν άλλοι αντί γι' αυτήν.

γ. Θα ήθελα να αγοράσω μια .............. (βυσσινής) φούστα και μία ........... (μαύρος) μπλούζα για το πάρτι.

δ. Δε μου αρέσουν καθόλου οι .................... (κουτσομπόλης) άνθρωποι.

ε. Πολύ ........... (γλυκός) είναι η τούρτα που έφτιαξες.

στ. Πάντως τα κορίτσια αυτά είναι πολύ ................... (ζηλιάρης).

ζ. Είναι πολύ ................ (υπναράς)! Δεν ξυπνάνε ποτέ πριν από τις 2 το μεσημέρι.

η. Τρελαίνομαι για ............... (ξανθός) μαλλιά και ............ (γαλάζιος) μάτια.

θ. Η Άννα είναι πολύ ............... (ψηλός) για την ηλικία της.

ι. Οι δρόμοι της πόλης μας είναι .............. (στενός). Θα τους προτιμούσα πιο ................ (φαρδύς).

ια. Με την ................ (τίμιος) εργασία του κέρδισε μια ξεχωριστή θέση στην επιχείρηση.

ιβ. Η συζήτηση μεταξύ των προσκεκλημένων ήταν πολύ ......................... (ενδιαφέρων).

# 7η Ενότητα

## Ο κόσμος μας μια σκηνή και μια οθόνη

Στην ενότητα αυτήν θα μάθεις ή και θα θυμηθείς:

√ **Τον** κόσμο του κινηματογράφου και της τηλεόρασης

√ **Τον** κόσμο του θεάτρου

√ **Την** αξία της ψυχαγωγίας

√ **Τα** είδη των ταινιών

√ **Πώς** εκφράζουμε το χρόνο

√ **Τη** γενική πτώση των ουσιαστικών και τη χρήση της

√ **Την** κλίση των επιθέτων σε -ης,-ης,-ες

**Κείμενο**

**Τι ταινία θα δούμε;**

*Η Κάτια και η Λένα έχουν κλείσει ραντεβού να πάνε στον κινηματογράφο. Το πρόβλημα όμως παραμένει κάθε φορά το ίδιο· τι ταινία θα δουν. Τα δυο κορίτσια έχουν εντελώς διαφορετικές προτιμήσεις. Ας παρακολουθήσουμε το διάλογό τους στο τηλέφωνο.*

- Λένα: Γεια σου Κάτια. Σου τηλεφωνώ για να επιβεβαιώσω το ραντεβού μας για σήμερα το απόγευμα. Θα πάμε σινεμά, έτσι δεν είναι;

- Κάτια: Γεια σου Λένα μου. Και βέβαια θα πάμε! Τι λες να δούμε;

- Λένα: Παίζει στο Cinemax μία πολύ ωραία ταινία δράσης. Τρελαίνομαι για ταινίες δράσης!

- Κάτια: Ωχ πάλι σε τέτοια ταινία θα με πας; Την τελευταία φορά είχα βαρεθεί τόσο, που νύσταξα.. και ας είχε δράση!

- Λένα: Και για πες μου εσύ, τι θέλεις να δούμε;

- Κάτια: Εδώ και καιρό θέλω να πάω να δω μία πολύ ωραία ρομαντική κωμωδία που παίζεται στα Village. Έχει πλάκα! Θα σου αρέσει, θα δεις!

- Λένα: Βαρετές ταινίες θα με βάλεις να δω Κάτια μου..

- Κάτια: Κάνε μου το χατίρι αυτή τη φορά και την επόμενη επιλέγεις εσύ.

- Λένα: Ας είναι. Πάμε, αλλά μόνο για το χατίρι σου!

- Κάτια: Σ' ευχαριστώ πολύ φιλενάδα μου! Ραντεβού γύρω στις 19.00;

- Λένα: Στις επτά είναι μια χαρά. Τα λέμε αργότερα.

(επιμέλεια κειμένου, Σ. Δημοπούλου)

**Ερωτήσεις**

1. Ποιο είναι το πρόβλημα που αντιμετωπίζουν τα δύο κορίτσια;

2. Εσείς πάτε συχνά στον κινηματογράφο; Αν ναι, τι ταινίες σας αρέσουν;

3. Να κάνετε την αντιστοίχιση:


α. ταινία δράσης                    αληθινά γεγονότα

β. κωμωδία                          μυστήριο

γ. κινούμενα σχέδια                 αγωνία

δ. ιστορική                         γέλιο

ε. βιογραφική                       συγκίνηση

στ. θρίλερ                          για παιδιά

ζ. δράμα                            ιστορία ενός γνωστού προσώπου

η. επιστημονικής φαντασίας          διάστημα


**Κείμενο**

### Το δελτίο ειδήσεων


Με το τέλος του καλοκαιριού και των διακοπών και με την επιστροφή των φίλων και των γνωστών στην Αθήνα σκέφτηκα και έκανα μια πρόχειρη έρευνα. Ρώτησα ένα σχετικά μικρό αριθμό ανδρών και γυναικών να απαντήσουν, χωρίς μεγάλη σκέψη στο ακόλουθο ερώτημα: Τι βρήκες πιο ενοχλητικό ή πιο δυσάρεστο με την επιστροφή σου από τις διακοπές στην Αθήνα; Όπως θα περίμενε κανείς, οι πιο συχνές απαντήσεις ήταν : ο βρώμικος αέρας, η συνάντηση με τον προϊστάμενο στη δουλειά, η επίσκεψη στην εφορία, η κλήση για παράνομο παρκάρισμα, τα σκουπίδια στους δρόμους κλπ. Ιδού, όμως, η πιο περίεργη απάντηση: το πλέον ενοχλητικό ήταν τα δελτία ειδήσεων (όλων των καναλιών). Προερχόμενη από άνθρωπο που παρακολουθεί τα δελτία ειδήσεων, η απάντηση αυτή προκάλεσε το ενδιαφέρον και ζητώντας εξηγήσεις έμαθα τα παρακάτω, τα οποία σας μεταφέρω σε πρώτο πρόσωπο.

«Οι πρώτες μέρες των διακοπών είναι κάπως δύσκολες, γιατί γενικά είσαι χωρίς υποθέσεις και μακριά από το γνωστό σου περιβάλλον. Αισθάνεσαι περίεργα και νιώθεις να αλλάζεις ταυτότητα. Σιγά-σιγά αρχίζεις να παρατηρείς τη φύση γύρω σου και ανακαλύπτεις ή μάλλον ανακαλύπτεις ξανά την ομορφιά της, τις άπειρες αποχρώσεις της θάλασσας και των βράχων, την εκπληκτική αρμονία των βουνών και είσαι ευχαριστημένος που είσαι μέρος αυτού του κόσμου. Ταυτόχρονα αρχίζεις να βλέπεις ότι οι άνθρωποι γύρω σου, γνωστοί και άγνωστοι, δεν φωνάζουν όπως πριν, μιλούν αργά και κινούνται ήρεμα, όπως ακριβώς και εσύ.

Αλλά οι διακοπές τελειώνουν και επιστρέφεις στην Αθήνα χαρούμενος που είσαι σπίτι σου, που ποτίζεις τα λουλούδια σου και βλέπεις τους φίλους και τους γείτονες. Τότε κάνεις το θανάσιμο σφάλμα, ανοίγεις την τηλεόραση να ακούσεις και να δεις τις ειδήσεις των οκτώ. Την οθόνη σου γεμίζουν ένας κύριος που φαίνεται να σιδερώθηκε μαζί με τα ρούχα του και μια κυρία στολισμένη σαν λατέρνα και σε βομβαρδίζουν εναλλάξ, με νούμερα φρικτά: τόσοι άστεγοι, τόσοι νεκροί από ναρκωτικά, τόσες ληστείες, τόσες καταστροφές από σεισμούς, τόσες από πλημμύρες, τόσες από πυρκαγιές, τόσες τρομοκρατικές ενέργειες με τόσους νεκρούς και τραυματίες, τόσοι νεκροί σε τροχαία δυστυχήματα... Η πιο ευχάριστη είδηση είναι ο αυριανός καύσωνας. Έλεος, Κύριε. Να γιατί το δελτίο ειδήσεων ήταν η πιο ενοχλητική εμπειρία».

Η παρατήρηση του φίλου θέτει εύλογα ερωτηματικά. Μόνο αυτά συμβαίνουν στον κόσμο ή μόνο αυτά νομίζουν οι συντάκτες των δελτίων ότι μας ενδιαφέρουν; Δεν υπάρχει τίποτα καλό ή όμορφο στον κόσμο που να αξίζει να αναφερθεί στα δελτία ειδήσεων; Μόνο ληστές, βιαστές, λαθρέμποροι, απατεώνες, δολοφόνοι και κάθε λογής καθάρματα; Οι άλλοι, οι άνθρωποι του μόχθου, οι εργάτες της γης, οι άνθρωποι που ξενυχτάνε στα εργαστήρια και στις βιβλιοθήκες, οι άνθρωποι που γενικά ομορφαίνουν τη ζωή μας, αυτοί πού είναι;

(Θεόδωρος Π. Λιανός, Από τον ημερήσιο Τύπο, διασκευή)


**Ερωτήσεις**

1. Γιατί το πιο ενοχλητικό πράγμα στην τηλεόραση είναι, σύμφωνα με το συγγραφέα, οι ειδήσεις; Συμφωνείτε; Παρακολουθείτε εσείς ή κάποιος από την οικογένειά σας ειδήσεις;

2. Ποια προγράμματα της τηλεόρασης σας αρέσουν και γιατί;

3. Ποιες ώρες και πόσο συχνά πιστεύετε πως ένα μικρό παιδί πρέπει να βλέπει τηλεόραση;

4. Εάν ήσασταν ιδιοκτήτης ενός μεγάλου καναλιού της τηλεόρασης, ποια προγράμματα θα επιλέγατε και γιατί;

# Κείμενο
## Μια αξέχαστη θεατρική παράσταση

Με λένε Νικόλα, είμαι 13, και θα σας διηγηθώ την ωραιότερη εμπειρία που είχα ποτέ μου το περυσινό καλοκαίρι που πήγαμε διακοπές στην Ελλάδα. Πρέπει να σας πω ότι στην περιοχή της Ελλάδος από την οποία κατάγομαι, υπάρχει ένα αρχαίο θέατρο. Το έχουμε επισκεφθεί αρκετές φορές με τους γονείς μου, αλλά δεν έτυχε ποτέ να παρακολουθήσουμε θεατρική παράσταση.

Κάθε καλοκαίρι παίζονται πολλές θεατρικές παραστάσεις εκεί, αλλά εγώ δυστυχώς δε γνωρίζω ούτε τα έργα ούτε αυτούς που τα έγραψαν στην αρχαιότητα, αν και θα ήθελα πολύ να παρακολουθήσω από κοντά μία παράσταση. Μια μέρα με φωνάζει η μητέρα μου και μου λέει: « Νικόλα μου, αυτό το Σάββατο θα πάμε να δούμε την Αντιγόνη». «Ποια είναι αυτή;» είπα μέσα μου... «μήπως καμία ξαδέρφη της μαμάς, καμία θεία μου μακρινή;». Από ντροπή δεν ήθελα να ρωτήσω και κούνησα το κεφάλι μου συγκαταβατικά.

Έφτασε το Σάββατο και γύρω στις 8 η ώρα αρχίσαμε να ετοιμαζόμαστε για την επίσκεψη στην Αντιγόνη. Φύγαμε από το σπίτι και μετά από λίγη ώρα έστριψε ο μπαμπάς μου στο γνώριμο δρόμο του αρχαίου θεάτρου. Από τη χαρά μου δεν μπορούσα να μιλήσω.. δειλά δειλά ρώτησα τη μαμά μου: «Μαμά, ποια είναι η Αντιγόνη;». «Θεατρικό έργο του αρχαίου ποιητή Σοφοκλή. Θα πάμε να δούμε μία παράσταση στο αρχαίο θέατρο. Δε σου αρέσει;». «Το ωραιότερο δώρο μου έκανες», της είπα και την αγκάλιασα τρυφερά.

Μπήκαμε στο θέατρο που είχε γεμίσει με κόσμο και καθίσαμε στη μέση περίπου. Αυτό που αρχικά με εντυπωσίασε ήταν ότι σε όποια πλευρά και αν καθόταν κάποιος, έβλεπε και άκουγε εξίσου καλά. Με πόση σοφία έφτιαξαν τα θέατρα οι Αρχαίοι... σκέφτηκα. Ρώτησα τη μητέρα μου για την υπόθεση του έργου και με λίγα λόγια μου είπε τα εξής: Ο Κρέοντας, βασιλιάς της Θήβας και θείος της Αντιγόνης, έχει δώσει εντολή να μην ταφεί ο Πολυνείκης, ο αδερφός της Αντιγόνης, επειδή πρόδωσε την πατρίδα του. Η Αντιγόνη αποφασίζει όμως να θάψει τον αδερφό της και να παραβιάσει τους νόμους της πόλης.

Μόλις σβήσανε τα φώτα και άρχισε η παράσταση ένιωσα ένα μούδιασμα σε ολόκληρο το σώμα μου. Οι ηθοποιοί, τα σκηνικά, οι διάλογοι, η μουσική, ο Χορός αλλά και η επιβλητική ατμόσφαιρα του θεάτρου, με ταξίδεψαν σε έναν άλλον κόσμο. Δεν έπαιρνα ανάσα μέχρι το τέλος και σηκώθηκα όρθιος να χειροκροτήσω αυτή την απίστευτη εμπειρία! Θα μου μείνει αξέχαστη και ελπίζω να ξανάρθω!

(επιμέλεια κειμένου, Σ. Δημοπούλου)

**Ερωτήσεις**

1. Για ποιους λόγους ο Νικόλας είναι ενθουσιασμένος με το θέατρο; Συμμερίζεστε τον ενθουσιασμό του;

2. Έχετε επισκεφθεί ποτέ ένα αρχαίο θέατρο, και αν ναι, έχετε παρακολουθήσει κάποια θεατρική παράσταση;

## Διαθεματική εργασία

Συγκεντρώστε εικόνες και πληροφορίες για τα διάφορα θεατρικά είδη (π.χ. μοντέρνο θέατρο, μπαλέτο, όπερα, θέατρο σκιών, κ.ά.) και παρουσιάστε τις σε ομάδες μέσα στην τάξη.

## Παραγωγή λόγου

1. Σε ένα κείμενο περίπου 100-120 λέξεων αφηγηθείτε μία μέρα σας στο θέατρο. Ποια παράσταση είδατε, ποια ήταν η υπόθεση και ποιες οι εντυπώσεις σας.

2. Πού προτιμάτε να πηγαίνετε και γιατί; Στον κινηματογράφο ή στο θέατρο; Αναλύστε σε μία παράγραφο 60 λέξεων.

3. Σε δύο στήλες με λέξεις κλειδιά, να γράψετε τις διαφορές που έχει ο κινηματογράφος και το θέατρο, καθώς τα θετικά και αρνητικά τους.

## Σύνταξη - Οι χρονικές προτάσεις

Ο χρόνος στη νέα ελληνική γλώσσα εκφράζεται όχι μόνο με επιρρήματα (π.χ. σήμερα, αύριο, αργότερα, κλπ.), αλλά και με τις επιρρηματικές προτάσεις που εισάγονται με τους παρακάτω συνδέσμους: όταν, σαν, ενώ, αφού, καθώς, πριν (να), ώσπου, ωσότου, όποτε, αφότου, μόλις, προτού, όποτε, άμα.

## Παραδείγματα:

Όταν γύρισε, δεν ήταν στο σπίτι

Μόλις φύγεις, κλείδωσε την πόρτα

Ενώ οδηγούσε, άκουσε ξαφνικά έναν θόρυβο

**Ασκήσεις**

1. Να τοποθετήσετε στις παρακάτω προτάσεις τους κατάλληλους συνδέσμους και φράσεις που δηλώνουν χρόνο: μόλις, πριν, μέχρι, όταν, αφού, καθώς, ενώ, την ώρα που.

α. ..................... έπλενε τα πιάτα, άκουσε έναν θόρυβο από το υπόγειο.

β. Επέστρεψε από το εξωτερικό, ............. είχε ολοκληρώσει τις σπουδές του.

γ. ............. νύχτωσε, έφυγε σαν τον κλέφτη.

δ. ............. να κάνεις μπάνιο, εγώ θα έχω ήδη ντυθεί.

ε. ................ διαβάζει, ακούει μουσική.

στ. Θυμήθηκε να πετάξει το μπαγιάτικο ψωμί, ........... είχαν περάσει κάμποσες μέρες.

ζ. ..................... μιλούσε στο τηλέφωνο, μπήκε η μητέρα της στο σπίτι.

η. ................ μπορέσεις, στείλε μου ένα μήνυμα.

2. Να γράψετε δικές σας προτάσεις που να δηλώνουν χρόνο.

**Γραμματική**

**Η γενική πτώση**

Η γενική πτώση στη νεοελληνική γλώσσα δηλώνει συνήθως κτήση, ύλη, στενή σχέση. Έτσι, όταν λέμε το σπίτι **της Άννας** σημαίνει πως είναι το δικό της σπίτι. Όταν λέμε αποθήκη **λαδιού**, δείχνει την ύλη, ενώ όταν λέμε ο αδερφός **του Μανώλη**, δείχνει τη σχέση μεταξύ των δύο προσώπων.

Προσοχή στην ορθογραφία! Στα ουσιαστικά θηλυκού γένους η γενική πτώση του ενικού αριθμού γράφεται με **-η**. Της πόρτας, της βρύσης, κλπ. Στον πληθυντικό αριθμό η γενική πτώση γράφεται με **-ω**. Έτσι, λέμε π.χ. τα μέτρα

**των** κυβερνήσε**ων**. Τέλος, δεν πρέπει να συγχέουμε τη γερμανική με την ελληνική γραμματική, όταν δηλώνουμε κτήση. Για παράδειγμα, στην ελληνική γλώσσα δε λέμε ποτέ το μολύβι από τον δάσκαλο, αλλά το μολύβι **του δασκάλου**!

## Άσκηση

Να σχηματίσετε τη γενική πτώση των παρακάτω ουσιαστικών στον αριθμό που βρίσκονται:

το φαγητό ………………..      το ταμείο ……………….

ο άνδρας …………………      ο ταμίας ……………….

η συντροφιά ……………..      ο πρόεδρος ……………….

τα μέτωπα ……………….      ο σύλλογος ……………….

τα σταφύλια ……………..      οι φύλακες ……………….

οι πόλεμοι ……………….      οι φυλακές ……………….

οι αυλές …………………      το πορτοφόλι ……………….

Να σχηματίσετε τη γενική πτώση του ουσιαστικού που βρίσκεται στην παρένθεση:

το μολύβι …………….. (παιδί)      οι στολές ……………(χορευτές)

ο θόρυβος ……………...(πόλη)      η πρόοδος …………...(επιστήμη)

η ανάγκη ………………(άνθρωπος)      τα κύματα …………...(θάλασσα)

τα μέτρα ………………...(κυβέρνηση)      ο στόλος ……………..(πλοία)

# Επίθετα σε -ης, ης-, ες και η κλίση τους

| Αρσενικό | Θηλυκό | Ουδέτερο |
|---|---|---|
| ο  συνεχ-**ής** | η συνεχ-**ής** | το συνεχ-**ές** |
| του συνεχ-**ούς** | της συνεχ-**ούς** | του συνεχ-**ούς** |
| τον συνεχ-**ή** | τη(ν) συνεχ-**ή** | το συνεχ-**ές** |
| οι  συνεχ-**είς** | οι συνεχ-**είς** | τα συνεχ-**ή** |
| των συνεχ-**ών** | των συνεχ-**ών** | των συνεχ-**ών** |
| τους συνεχ-**είς** | τις συνεχ-**είς** | τα συνεχ-**ή** |

## Ασκήσεις

1. Να κλίνετε και στα τρία γένη τα παρακάτω επίθετα: ο/η συνεπής, το συνεπές, ο/η διεθνής, το διεθνές, ο/η ακριβής, το ακριβές.

2. Να γράψετε τη σωστή πτώση των παρακάτω επιθέτων:

α. Το .................. (συνεχής) ωράριο των καταστημάτων είναι εξαντλητικό για τους εργαζόμενους.

β. Στα ............... (διεθνής) αεροδρόμια υπάρχουν πολλές πτήσεις καθημερινά.

γ. Η τραγουδίστρια ήταν πολύ ..................... (δημοφιλής) στη νεολαία.

δ. Δώσε μου σε παρακαλώ τη διεύθυνση της ………….. (ακριβής) τοποθεσίας.

ε. Οι υπάλληλοι της εταιρείας συχνά δεν ήταν ………….. (συνεπής).

στ. Οι ……………… (επιμελής) μαθήτριες και μαθητές πάντα ανταμείβονται.

ζ. Είσαι πολύ ……………… (ασυνεπής) στα ραντεβού σου. Άλλη φορά να είσαι ………….. (ακριβής) στην ώρα σου!

η. Για να είναι ένα παιδί …………. (υγιής), θα πρέπει να τρέφεται σωστά και να ασκείται.

θ. Το αεροδρόμιο της Αθήνας είναι από τα πιο …………………… (ασφαλής).

ι. Το συμβούλιο εξέλεξε μια ………… (πενταμελής) επιτροπή εκπροσώπησης.

ια. Η κυβέρνηση εφάρμοσε το …………………… (πενταετής) πρόγραμμα αποκατάστασης των προσφύγων.

ιβ. Οι οδηγίες προς τους ταξιδιώτες ήταν πολύ ………………… (σαφής)

ιγ. Οι πληροφορίες που μου έδωσες ήταν εντελώς ……………………… (ανακριβής)

ιδ. Ήταν πολύ ………………… (ευτυχής) με την κατάληξη της ιστορίας.

ιε. Τα κιβώτια ήταν τόσο …………………….. (ογκώδης), που οι εργάτες τα μετέφεραν με δυσκολία.

# 8η Ενότητα

## Αγαπώ τη φύση

Στην ενότητα αυτήν θα μάθεις ή και θα θυμηθείς:

√ **Τις** έννοιες φύση και περιβάλλον

√ **Τη** σημασία του περιβάλλοντος στα ζώα και στον άνθρωπο

√ **Τι** απειλεί τη φύση με καταστροφή

√ **Τι** μπορούμε να κάνουμε για να βοηθήσουμε

√ **Πώς** εκφράζουμε την υπόθεση

√ **Πώς** συνθέτουμε λέξεις

√ **Τα** ρήματα σε -ίζω και την ορθογραφία τους

**Κείμενο**

**Γιατί........**

(πηγή, Facebook, Christos Kalogeros)

Περιγράψτε τα συναισθήματά σας βλέποντας αυτή την εικόνα. Διηγηθείτε μία δική σας ιστορία από τη θέση του μαυρόγυπα που βλέπετε και που επιστρέφει στο καμένο δάσος της Δαδιάς ψάχνοντας για το σπίτι του. Λάβετε υπόψιν ότι το συγκεκριμένο πτηνό απειλείται με εξαφάνιση.

Να αναφερθείτε επίσης και στο φαινόμενο των πυρκαγιών που απειλούν τη χώρα μας κάθε καλοκαίρι, καθώς και στους λόγους που μπορεί να τις προκαλούν.

**Κείμενο**

**Ας κάνουμε κάτι επιτέλους!**

Η φύση και η προστασία της είναι πολύ **σημαντική** όχι μόνο για τον άνθρωπο, αλλά και για τα φυτά και τα ζώα που ζουν σε αυτήν. Κάθε χρόνο βλέπουμε γύρω μας, αλλά και ακούμε από τις ειδήσεις να συμβαίνουν τεράστιες καταστροφές εξαιτίας της κλιματικής αλλαγής. Πλημμύρες καταστροφικές από τις έντονες βροχοπτώσεις, μεγάλες περίοδοι ξηρασίας, καύσωνες, ακραία καιρικά φαινόμενα και πυρκαγιές, είναι κάποια από τα φαινόμενα που συνηθίζουμε πλέον να βλέπουμε πολύ **συχνά** τα τελευταία χρόνια.

Το ότι η φύση αρχίζει σιγά σιγά να αλλάζει, οφείλεται σε διάφορους λόγους. Στις **μεγάλες** πόλεις υπάρχουν πολλά αυτοκίνητα, τα οποία με τα καυσαέρια που βγάζουν, **βρωμίζουν** τον αέρα που αναπνέουμε. Τα πολλά εργοστάσια επιβαρύνουν την ατμόσφαιρα και η αύξηση του πληθυσμού δημιουργεί επίσης ποικίλα προβλήματα. Τα διάφορα σκουπίδια, για παράδειγμα, και ιδιαίτερα τα πλαστικά, προκαλούν μεγάλη ζημιά στο περιβάλλον, γιατί για την απορρόφησή τους από το έδαφος απαιτούνται έως και 200 χρόνια.

Οι πυρκαγιές στα δάση και στις παραθαλάσσιες περιοχές για τουριστικούς σκοπούς, οδηγούν στην οικολογική καταστροφή και εφόσον δεν υπάρχουν δέντρα να συγκρατήσουν το νερό της βροχής, μετά από μια νεροποντή δημιουργούνται πλημμύρες. Εκτός από αυτό, πολλά ζώα δε βρίσκουν καταφύγιο στο δάσος και δεν μπορούν να βρουν επίσης τροφή, με αποτέλεσμα να απειλούνται με εξαφάνιση.

Τα προβλήματα που απειλούν τη φύση μας είναι πολλά και το χειρότερο είναι πως τα προκαλεί ο ίδιος ο άνθρωπος. Θα πρέπει επομένως να προσπαθήσουμε όλοι μαζί και ο καθένας **χωριστά**, ώστε να είμαστε σε θέση έστω και τώρα να σώσουμε ό,τι μπορέσουμε από αυτή την καταστροφή. Η οικογένεια, το σχολείο, το κράτος αλλά και ο ίδιος ο άνθρωπος έχουν τη λύση. Ας αρχίσουμε από τώρα να αγαπάμε το δεύτερο σπίτι μας που είναι η φύση μας!

(επιμέλεια κειμένου, Σ. Δημοπούλου)

**Ερωτήσεις**

1. Να αναφέρετε τους λόγους που καταστρέφεται το περιβάλλον σύμφωνα με το κείμενο. Γνωρίζετε και άλλους λόγους που οδηγούν στην καταστροφή;

2. «Θα πρέπει επομένως να προσπαθήσουμε όλοι μαζί και ο καθένας χωριστά, ώστε να είμαστε σε θέση έστω και τώρα να σώσουμε ό,τι μπορέσουμε από αυτή την καταστροφή». Να γράψετε ένα μικρό κείμενο στο οποίο θα προτείνετε λύσεις που θα βοηθήσουν στη σωτηρία της φύσης.

3. Στις λέξεις με έντονα γράμματα, να γράψετε την αντίθετή τους.

4. Να βάλετε πλαγιότιτλους στις παραγράφους.

# Κείμενο

## Ο Ασημένιος δρόμος (απόσπασμα)

*Ο Πορκιουπίνος, ένας μικρός σκαντζόχοιρος, όταν έμαθε ότι οι άνθρωποι σκοπεύουν να καταστρέψουν το δάσος όπου έμενε, αποφάσισε να ταξιδέψει μέχρι την πόλη για να τους γνωρίσει και να τους μεταπείσει. Στο κείμενο που ακολουθεί και που ανήκει στο μυθιστόρημα Λαμπερά αγκάθια, τον βλέπουμε να συζητά με ορισμένους από τους κατοίκους του δάσους, πριν από τη μεγάλη κι επικίνδυνη έξοδό του προς το άγνωστο.*

Τι θα κάνουμε! Τι θα κάνουμε!», ακούστηκαν πολλές απελπισμένες φωνές από ράμφη, μουσούδια, κεραίες, μεμβράνες και άλλα παράξενα στόματα και μικροσκοπικά κεφάλια.

«Γιατί δεν τους διώχνετε με τα δόντια σας εσείς τα φίδια;», φώναξε ένα κοτσύφι.

«Και σεις οι σκαντζόχοιροι με τ' αγκάθια σας», πρόσθεσε ένα μικρό λαγουδάκι ανεμίζοντας τ' αυτιά του.

«Δεν ξέρετε τους ανθρώπους», είπε απλά η οχιά.

«Θα πολεμήσουμε!», φώναξε ένα μυρμήγκι, από τους στρατιώτες μιας γειτονικής φωλιάς. «Είμαστε εκατομμύρια! Θα πολεμήσουμε!».

Ο Πορκιουπίνος τ' άκουγε όλα αυτά χωρίς να λέει τίποτε. Πίσω από τα μαύρα λαμπερά ματάκια του στριφογύριζαν χιλιάδες σκέψεις. Ήθελε να γνωρίσει τον κόσμο του ανθρώπου, αλλά όχι και να χάσει τον κόσμο του δάσους. Ήξερε ακόμη ότι τα ζώα δεν μπορούσαν να μιλήσουν με τους ανθρώπους, κι αυτό εμπόδιζε κάθε συνεννόηση. Κάτι όμως έπρεπε να γίνει...

«Ακούστε...», άρχισε και όλα τα ζώα ολόγυρα σταμάτησαν. Ήξεραν ότι πάντα ήθελε να μαθαίνει καινούργια πράγματα κι έτσι μπορεί να κατέβαζε κάποια ιδέα. Να είχε κάποια λύση για να σωθεί ο κόσμος τους.

«Ακούστε», είπε πάλι. «Όπως ξέρετε, είχα σκοπό να ταξιδέψω στον κόσμο των ανθρώπων. Πρέπει να μάθουμε περισσότερα γι' αυτούς. Μου είπαν ότι οι γάτες τούς ξέρουν καλά, ζουν μαζί τους και μάλιστα ανεξάρτητες. Πώς τα κατάφερναν; Θα πρέπει να το μάθουμε. Μπορεί να υπάρχει κάποιος τρόπος να συνεννοηθούμε με τους ανθρώπους κι αν υπάρχει, οι γάτες θα τον ξέρουν».

«Τι έχεις να προτείνεις;», ακούστηκε δίπλα του η γνώριμη φωνή του Σπάρκυ της Πυγολαμπίδας.

«Λοιπόοοον τι λέεεεξ;», φώναξαν χορωδιακά και όλα τα βατράχια.

«Τι θα πει "τι λέεεεξ"», ψιθύρισε ένα ποντίκι από δίπλα τους.

«Εννοούμε "τι λες"», εξήγησαν τα βατράχια, «αλλά πάει πιο μουσικά με "ξ" στο τέλος».

«Πάντα έλεγα ότι δεν είστε καλά στο μυαλό σας!», μουρμούρισε το ποντίκι και στράφηκε ν' ακούσει τι θα έλεγε ο Πορκιουπίνος.

«Σκέφτομαι λοιπόν», συνέχισε ο σκαντζόχοιρος, «να φύγω το γρηγορότερο για τον κόσμο των ανθρώπων και να ρωτήσω τις γάτες αν μπορούν να μας βοηθήσουν. Αν καταφέρναμε να συνεννοηθούμε με τους ανθρώπους, μπορεί να μην πείραζαν το δάσος, και οι γάτες ίσως να ξέρουν κάποιο τρόπο».

«Κόοοοοαξ κόοοοοαξ κοκοκοάξ», έκαναν τα βατράχια.

«Αυτό τι σημαίνει τώρα;», ρώτησε το ίδιο ποντίκι.

«Τίποτε το ιδιαίτερο. Απλώς για μουσική υπόκρουση», εξήγησαν.

«...Λέω λοιπόν», συνέχισε ο Πορκιουπίνος, «να ξεκινήσω αύριο την αυγή. Μέχρι το ηλιοβασίλεμα θα έχω διασχίσει το δάσος και θα έχω φτάσει στα σύνορα του ανθρώπινου κόσμου...».

«Και δε φοβάσαι να πας σ' έναν τόσο τρομερό κόσμο;», ρώτησε μια χελώνα.

Ήταν η Ντίνκα, ένα ζώο που ίσως είχε γνωρίσει περισσότερες αυγές και ηλιοβασιλέματα από κάθε άλλο στο δάσος. Ο Πορκιουπίνος είχε κουβεντιάσει αρκετές φορές μαζί της, γιατί στο μυαλό της φύλαγε εικόνες πολύ παλιές, που μόνο τα δέντρα είχαν γνωρίσει και θυμόνταν ακόμη.

«Φοβάμαι... αρκετά», της είπε.

«Τότε γιατί πας;».

«Ναι, γιατί πας; Γιατί πας;» φώναξαν μαζί μερικά λαγουδάκια που είχαν γεννηθεί εκείνη την άνοιξη.

«Γιατί πρέπει να σώσουμε το δάσος», είπε ο Πορκιουπίνος.

«Μόνο γι' αυτό;», ρώτησε πάλι η Ντίνκα και η φωνή της είχε κάτι από τα χιόνια ατέλειωτων χειμώνων και κάτι από το άρωμα ατέλειωτων καλοκαιριάτικων βραδιών.

Ο Πορκιουπίνος την κοίταξε, αλλά η απάντηση δεν ήταν εύκολη και δε μίλησε.

«Μόνο γι' αυτό;», ξαναρώτησε η Ντίνκα και η φωνή της είχε κάτι από τη μουσική της βροχής ατέλειωτων φθινόπωρων και κάτι από το απαλό άγγιγμα της γύρης από γενιές λουλουδιών ατέλειωτων ανοίξεων.

«Θα έκανα το ίδιο, ακόμη κι αν δεν κινδύνευε το δάσος», ψιθύρισε ο Πορκιουπίνος.

«Γιατί;». Η απαλή φωνή δεν τον άφηνε να ξεφύγει.

Γιατί; Μα ο Πορκιουπίνος σκέφτηκε τους ασημένιους δρόμους που άφηνε πίσω του ο φίλος του ο Ουίνκλ, τους μικρούς μαγικούς δρόμους που κανείς δεν ήξερε πού οδηγούσαν. Τα σαλιγκάρια το ήξεραν, γιατί οι δρόμοι ήταν δικοί τους, αλλά δεν μπορούσαν να του το πουν. Έπρεπε να τους ακολουθήσει. Και υπήρχαν τόσοι δρόμοι! Τα βράδια, όταν το δάσος γινόταν συχνά ένας άλλος μαγικός κόσμος από την ομίχλη, οι αχτίδες του φεγγαριού σχημάτιζαν στα ξέφωτα άλλους παράξενους δρόμους. Είχε δοκιμάσει κάποτε ν' ανηφορίσει σ' έναν απ'αυτούς να δει πού οδηγούσε, αλλά δεν ήταν εύκολο. Οι πυγολαμπίδες μπορούσαν, αλλά δεν ενδιαφέρονταν τόσο.

Δεν είχε μπορέσει ν' ανηφορίσει στους δρόμους από τις φεγγαροαχτίδες, ναι... αλλά πώς θα το ήξερε, αν δεν είχε δοκιμάσει;

Και υπήρχαν τόσοι άλλοι δρόμοι! Πώς να ήταν ο παραμυθένιος κόσμος του βυθού της λίμνης των βατράχων; Τι να έβλεπαν τα πουλιά σ' εκείνα τα θαυμαστά βουνά και δάση από άσπρες μπαμπακότουφες που αρμένιζαν συχνά στον ουρανό; Πού οδηγούσαν οι σκοτεινοί λαβύρινθοι των μυρμηγκιών; Τι έτρεχαν να προλάβουν τα ρυάκια του δάσους;

Είχε ρωτήσει τα βατράχια. Είχε ρωτήσει τα πουλιά. Είχε ρωτήσει τα μυρμήγκια. Είχε ρωτήσει τα ρυάκια...

Τα ρυάκια είχαν μείνει σιωπηλά κι όλα τ' άλλα ζώα είχαν προσπαθήσει να του εξηγήσουν. Κατά κάποιο περίεργο τρόπο... κάτι... δεν ήξερε, αλλά δεν ήταν αυτό που ήθελε να μάθει. Τα λόγια τους δεν ήταν αρκετά για να του δείξουν ό,τι έβλεπαν κι εκείνα, όπως το έβλεπαν κι εκείνα...

«Ψάχνω για...», είπε τελικά στην Ντίνκα και σταμάτησε απότομα.

Δεν υπήρχαν λόγια να περιγράψει όλα όσα έψαχνε.

Η Ντίνκα η χελώνα, όμως, δε χρειαζόταν λόγια. Είχε καταλάβει.

Ήξερε ότι κάθε Μεγάλη Αναζήτηση ήταν πέρα από τα λόγια. Πώς να εξηγήσεις σε όποιον δεν το 'χει νιώσει το γοητευτικό τράβηγμα που σε καλεί να βρεις το τέρμα κάθε δρόμου; Πώς να εξηγήσεις ότι το φτάσιμο είναι πάντα ένα ξεκίνημα και κάθε τέρμα του δρόμου η αρχή ενός άλλου;

Η Ντίνκα η χελώνα κοίταξε το μικρό σκαντζόχοιρο και, μέσα στη σύντομη εκείνη μαγική στιγμή, φαντάστηκε τον εαυτό της να τρέχει —αυτή, μια γέρικη χελώνα!— πάνω στο ουράνιο τόξο μαζί με τον Πορκιουπίνο. Ήταν κάτι σαν μεθύσι, αλλά δεν είχε λέξεις να το περιγράψει.

Πέρασε σχεδόν αμέσως και είπε πνιχτά:

«Έχεις ό,τι χρειάζεσαι για να πετύχεις. Κάποιος πρέπει ν' ακολουθεί το ουράνιο τόξο, για να δίνει κάποιο νόημα στη ζωή όλων».

«Δοκίμασα μια μέρα να φτάσω στο ουράνιο τόξο», είπε ο Πορκιουπίνος, «αλλά ήταν πολύ μακριά».

Η χελώνα χαμογέλασε με τον τρόπο της.

«Το ουράνιο τόξο πρέπει να είναι μακριά. Δεν είναι για όλους, αλλά μόνο για κείνους που πραγματικά το αναζητούν. Εσύ μπορείς να το φτάσεις κάποτε».

«Οι γάτες μπορεί να με βοηθήσουν», είπε αβέβαια ο Πορκιουπίνος.

«Ναι, οι γάτες μπορεί να σε βοηθήσουν».

«Τότε θα πάω».

«Καλή τύχη, μικρέ μου», είπε η χελώνα και πρόσθεσε έτσι που κανείς άλλος, εκτός από κάτι κίτρινα λουλουδάκια δίπλα της, δεν άκουσε:

«...και θα έχεις μαζί σου κάτι απ' όλους μας. Το πιο πολύτιμο. Την κρυμμένη σε μας και ξεχασμένη φλόγα της αναζήτησης. Σε παρακαλώ... κράτησέ την *πάντα ζωντανή».*

Μόνο τα κίτρινα λουλουδάκια άκουσαν αυτό τον ψίθυρο, αλλά είχαν πολύ αθώο μυαλό για να καταλάβουν.

(Γιώργος Μπόντης, Ο Ασημένιος δρόμος, απόσπασμα. Ανθολόγιο

λογοτεχνικών κειμένων Ε΄ και ΣΤ΄ Δημοτικού)

**Ερωτήσεις**

1. Τι αποφασίζει να κάνει ο Πορκιουπίνος και γιατί φοβάται να αντιμετωπίσει τους ανθρώπους;

2. «Το ουράνιο τόξο πρέπει να είναι μακριά. Δεν είναι για όλους, αλλά μόνο για κείνους που πραγματικά το αναζητούν. Εσύ μπορείς να το φτάσεις κάποτε». Τι συμβολίζει το ουράνιο τόξο και πώς ερμηνεύετε τα λόγια της χελώνας;

**Εικόνες**

(πηγή εικόνων, www.pixabay.com)

Να δώσετε έναν τίτλο σε κάθε εικόνα και να περιγράψετε το φαινόμενο που απεικονίζεται σε αυτές.

## Παραγωγή λόγου και διαθεματική εργασία

1. Το σχολείο σας ετοιμάζει δραστηριότητες σχετικά με την προστασία του περιβάλλοντος. Γράφετε μια ομιλία για την ιστοσελίδα του σχολείου, στην οποία προτρέπετε τις συμμαθήτριες και συμμαθητές σας να συμμετέχουν σε αυτές. Εξηγείτε τους λόγους, αλλά και τα οφέλη που θα προκύψουν από τη συμμετοχή τους. (100-120 λέξεις)

2. Εργαστείτε σε ομάδες και παρουσιάστε στην τάξη τις συνέπειες από την κλιματική αλλαγή και την καταστροφή της φύσης.

3. Στα σχολικά διαλείμματα βλέπετε κάποιους συμμαθητές σας να πετάνε σκουπίδια στην αυλή. Κάνετε το διάλογο μαζί τους προσπαθώντας να τους πείσετε να μην το ξανακάνουν.

## Σύνταξη - Υποθετικός λόγος

Η υπόθεση στη νέα ελληνική γλώσσα εκφράζεται με τους συνδέσμους αν, εάν, σαν, άμα και εκφράζουν το πραγματικό, το μη πραγματικό, το πιθανό, κλπ. Επίσης, υπόθεση δείχνει και η φράση σε περίπτωση που, έτσι και.

## Παραδείγματα:

α. Αν βρέξει, δε θα πάμε εκδρομή

β. Αν έβρεχε, δε θα πηγαίναμε εκδρομή

γ. Αν είχε βρέξει, δε θα είχαμε πάει εκδρομή

δ. Σε περίπτωση που βρέξει, δε θα πάμε εκδρομή

Εντοπίστε στις παραπάνω προτάσεις τη νοηματική διαφορά.

## Άσκηση

Να συμπληρώσετε κάθε φορά το τμήμα της πρότασης που παραλείπεται είτε στην υπόθεση, είτε στην απόδοση:

1. ............................................, θα αναγκαστούμε να φύγουμε χωρίς αυτόν.

2. Σε περίπτωση που αποφασίσεις να ταξιδέψεις, ...................................

3. Άμα θέλεις, ......................................................................

4. ...................................., θα είχα γράψει καλύτερα στο διαγώνισμα.

5. Εάν πηγαίναμε εγκαίρως στο γιατρό, ............................................

6. Θα μπορούσαμε να αποφύγουμε τον κίνδυνο, .....................................

7. Αν δεν είχαν αφήσει ανοιχτή την μπαλκονόπορτα, .............................

8. Πέρνα από το σπίτι,.................................................................

9. ...................................., θα μπορέσεις να σηκωθείς από το κρεβάτι.

10. ...................................., δε θα συμμετέχεις στην εκδήλωση.

11. Να μην ξαναγυρίσεις, ..............................................................

12. Αν γινόμουν για μία μέρα πρωθυπουργός, .......................................

13. Θα μπορούσα να ήμουν πλούσιος,..................................................

14. Αν ήμουν διευθύντρια στο σχολείο, ..............................................

15. Θα μπορούσες να πηδήξεις με αλεξίπτωτο, ......................................

## Γραμματική

### Σύνθεση λέξεων

Στην ελληνική γλώσσα υπάρχουν πολλές σύνθετες λέξεις που συνήθως αποτελούνται από δύο ρήματα, π.χ. **ανεβοκατεβαίνω**, ή δύο επίθετα, π.χ.

**γαλανόλευκη**, ή από μία πρόθεση και επίθετο, π.χ. **κατάμαυρος**, αριθμητικό και ουσιαστικό, π.χ. **μονοκατοικία** (ένας + κατοικία), κ.ά. Το πρώτο μέρος ονομάζεται α΄ συνθετικό και το δεύτερο β΄ συνθετικό μιας λέξης.

## Ασκήσεις

1. Να συνθέσετε τις παρακάτω λέξεις:

| | |
|---|---|
| άσπρος + μαύρος | πέντε + όμορφη |
| μικρός + σώμα | σιγά + τραγουδώ |
| μπαίνω + βγαίνω | κίτρινος + πράσινος |
| ένας + θέση | ανάβω + σβήνω |
| δύο + όροφος | καλός + καρδιά |

2. Να βρείτε όσο το δυνατό περισσότερες σύνθετες λέξεις με α΄ συνθετικό τα επίθετα καλός και κακός (π.χ. καλόκαρδος).

## Ορθογραφία

Ρήματα σε -ίζω

Τα ρήματα που τελειώνουν σε -ίζω συνήθως γράφονται με γιώτα (ι), π.χ. αγγίζω, υπολογίζω, κλπ.

Εξαιρούνται τα δανείζω, δακρύζω, **πή**ζω, αθρ**οί**ζω, συγχύζω, κατακλύζω, πρή**ζω.

**Άσκηση**

Να σχηματίσετε τα ρήματα σε -ίζω από τα παρακάτω ουσιαστικά:

φως                                    αφρός

δάκρυ                                  αέρας

αλάτι                                  σκαλιστήρι

δώρο                                   ποτιστήρι


**Άσκηση**

Να συμπληρώσετε τις προτάσεις με το κατάλληλο ρήμα:

α. Μου ................. (δανείζω) κάποια χρήματα, αλλά θα τα επιστρέψω σύντομα.

β. Όταν συναντήθηκαν, ................ (δακρύζω) από συγκίνηση.

γ. Ο πατέρας μου όλη την ημέρα ............... (σκαλίζω) τα φυτά του στον κήπο.

δ. Μην ................. (αλατίζω) τόσο πολύ το φαγητό! Το έκανες λύσσα!

ε. Μετά από αρκετό βράσιμο ............... (πήζω) επιτέλους η μαρμελάδα.

στ. Να ................. (υπολογίζω) σωστά το χρόνο που χρειάζεσαι για να είσαι στην ώρα σου.

ζ. Κάτι ................... (μυρίζω) πολύ ωραία εδώ μέσα!

η. Όλη μέρα ................. (σκαλίζω) και ................. (ποτίζω) τα φυτά στον κήπο του.

θ. Να ......................... (αντιμετωπίζω) πάντοτε με ψυχραιμία τις δύσκολες καταστάσεις.

# 9η Ενότητα

## Σήμερα γιορτάζουμε

Στην ενότητα αυτήν θα μάθεις ή και θα θυμηθείς:

√ **Τις** γιορτές και τα έθιμα της πατρίδας μας

√ **Τη** σημασία  και αξία της παράδοσης στον άνθρωπο

√ **Τους** λόγους που πρέπει να κρατούν ζωντανή την παράδοση οι Έλληνες του εξωτερικού

√ **Πώς** εκφράζουμε την εναντίωση και παραχώρηση

√ **Τα** άκλιτα και διπλόκλιτα ουσιαστικά

√ **Τα** ρήματα σε -ώνω

# Κείμενο
## Μία παραδοσιακή οικογένεια

Ξημέρωσε Μεγάλο Σάββατο και η χαρά μου ήταν απερίγραπτη! Για μια στιγμή αναπόλησα όλα εκείνα τα χρόνια που περνούσα τις άγιες αυτές μέρες σαν παιδί. Αγαπούσα ιδιαιτέρως το Πάσχα και όλη τη θρησκευτική κατάνυξη της Μεγάλης Εβδομάδας. Από τη νηστεία μέχρι την Κυριακή του Πάσχα, η ατμόσφαιρα στο σπίτι μας ήταν ιδιαίτερη. Θυμάμαι με νοσταλγία τα νηστίσιμα φαγητά που μας μαγείρευε η μαμά μου, αλλά και όλα τα έθιμα αυτής της τόσο μεγάλης θρησκευτικής γιορτής.

Τη Μεγάλη Πέμπτη πηγαίναμε στο χωριό που ζούσαν η γιαγιά και ο παππούς μου, για να περάσουμε μαζί τους τις μέρες αυτές. Τη Μ. Πέμπτη φτιάχναμε τσουρέκια και βάφαμε τα αυγά κόκκινα, σύμβολο του αίματος του Χριστού που θυσιάστηκε για να σώσει τους ανθρώπους από τις αμαρτίες. Τη Μ. Παρασκευή η εκκλησία γέμιζε από κόσμο στην περιφορά του Επιταφίου, έθιμο που το συναντάμε σε όλα τα μέρη της Ελλάδας, πολλές φορές και με διαφορετική μορφή.

Επιτέλους έφτασε και το Μ. Σάββατο. Μέρα γιορτινή για όλους! Θα φορούσαμε τα καλά μας, για να πάμε το βράδυ στην Ανάσταση. Στην Ανάσταση το έθιμο θέλει να τσουγκρίζουμε τα κόκκινα αυγά και να κρατάμε τις λαμπάδες με το Αναστάσιμο φως. Η εκκλησία ήταν πάντα ασφυκτικά γεμάτη και αυτό που με ενθουσίαζε περισσότερο ήταν το ότι συναντιόμασταν όλοι οι συγγενείς, έστω μια φορά το χρόνο. Μας ένωνε τουλάχιστον το γεγονός ότι γιορτάζαμε όλοι μαζί και μοιραζόμασταν τις ίδιες εμπειρίες και συναισθήματα.

Η Κυριακή του Πάσχα ήταν μέρα χαράς. Μαζευόμασταν στην αυλή του σπιτιού μας και από νωρίς ετοιμάζαμε το γιορτινό τραπέζι. Αυτό βέβαια που δε μου άρεσε καθόλου ήταν ότι τρώγανε αρνί οι περισσότεροι, έθιμο που δεν ταίριαζε καθόλου σε μένα ακόμη και σε μικρή ηλικία. Αυτό όμως που θα μείνει για πάντα στη μνήμη μου είναι οι αγαπημένοι μου άνθρωποι, που κάποιοι από αυτούς δεν είναι πλέον στη ζωή. Το γεγονός αυτό όμως δε μου απαγορεύει να φέρνω στη θύμησή μου την αγάπη και τη χαρά που μας έδινε η γιορτή του Πάσχα και κάθε φορά που πηγαίνω στο χωριό των παππούδων μου αναπολώ το παρελθόν με μεγάλη νοσταλγία.

(επιμέλεια κειμένου, Σ. Δημοπούλου)

**Ερωτήσεις**

1. Για ποιους λόγους η συγγραφέας νιώθει χαρά τις ημέρες του Πάσχα;

2. Να περιγράψετε πώς περνάτε εσείς με την οικογένειά σας τη συγκεκριμένη γιορτή.

3. Με τη βοήθεια του διαδικτύου να βρείτε Πασχαλινά έθιμα σε όλη την Ελλάδα και να τα διαβάσετε στην τάξη.

4. Να ψάξετε τη σημασία του πανηγυριού και να αναφερθείτε σε αυτήν. Ποια είναι τα πιο γνωστά πανηγύρια στην Ελλάδα;

## Παράλληλο κείμενο

Ελληνικό Πάσχα... Κόκκινα αβγά, τσουρέκια, 10 λεπτά πριν από την Ανάσταση στην εκκλησία, Χριστός Ανέστη και μετά μαγειρίτσα, θείοι που έχουμε να δούμε από το προηγούμενο Πάσχα, αρνί, κατσίκι, κρασί. Όλα αυτά, συναντώνται κάτω από μία ομπρέλα: το χωριό, το ελληνικό χωριό. Όμως πώς προσδιορίζεις την ελληνική ταυτότητα και πώς κρατάς τη σπίθα αναμμένη όταν το χωριό αυτό έχει μεταφερθεί πάνω από 2.000 χιλιόμετρα μακριά, σε δύο πόλεις της Γερμανίας;

«Θυμάμαι πάντα τη Μεγάλη Εβδομάδα τη γιορτάζαμε σαν να ήμασταν στην Ελλάδα. Πολλές φορές όταν είσαι χιλιόμετρα μακριά από την πατρίδα σου, αυτά τα ήθη και τα έθιμα κρατούν ζωντανή τη σπίθα, τα ζεις διαφορετικά όλα όταν είσαι ξένος σε ξένη χώρα. Ο Γερμανός δήμαρχος της περιοχής μάς δάνειζε με χαρά την κεντρική καθολική εκκλησία της πόλης για τον εκκλησιασμό. Μπορεί να μαζεύονταν εκεί μέχρι και 3.000 Έλληνες μετανάστες, ακόμα και από γύρω χωριά», λέει ο Φώτης Παναγιωτίδης ο οποίος το 1971, αφού λόγω της δικτατορίας αναγκάστηκε να κλείσει τη δισκογραφική εταιρεία που διατηρούσε στην Αθήνα, αποφάσισε μαζί τη σύζυγό του, Δέσποινα Τσουκάλη, να εγκατασταθούν στη Γερμανία και συγκεκριμένα στο Σβέμπις Γκμουντ, μία μικρή πόλη 50 χιλιόμετρα από τη Στουτγκάρδη. «Η Εκκλησία γέμιζε. Στην Ανάσταση γινόταν χαμός. Άκουγες γέλια, αγκαλιές και φιλιά καθώς ήταν σημείο συνάντησης για πολλές οικογένειες που τσούγκριζαν ακόμα και αβγά, για το έθιμο. Είχαμε ακόμη και βεγγαλικά για το Χριστός Ανέστη. Επειδή κάποιες φορές είχαμε κοινό ιερέα με την άλλη ενορία, κάναμε εναλλάξ Ανάσταση στις 21:00 και στις 24:00. Ακόμα θυμάμαι τους Γερμανούς που έκαναν βόλτα και μας χάζευαν. Τους έκανε μεγάλη εντύπωση και ο Επιτάφιος που περνούσαμε από κάτω, ενώ πολλοί μας ρωτούσαν για τα έθιμά μας. Αντιμετώπιζαν όλο αυτό το ιδιαίτερο τελετουργικό με σεβασμό, θα έλεγα και με θαυμασμό, γιατί είχαν μάθει και αυτοί τις συνήθειές μας τόσα χρόνια. Με το ίδιο ενδιαφέρον και σεβασμό παρακολουθούσαν και οι μουσουλμάνοι μετανάστες, κυρίως Τούρκοι, της περιοχής μας. Το θρησκευτικό αίσθημα το σέβεσαι ό,τι γλώσσα και να μιλάς».

Η ημέρα του Πάσχα έβρισκε την οικογένεια του κυρίου Φώτη και της κυρίας Δέσποινας μαζί με πολλούς φίλους σε τραπέζια στην πλατεία της πόλης, σουβλίζοντας. «Μαζευόμαστε τα περισσότερα άτομα από την κοινότητα στην πλατεία και βάζαμε σούβλες, είχαμε τρία με τέσσερα αρνιά και από δίπλα οι Γερμανοί μάς κοιτούσαν. Έβγαιναν στα μπαλκόνια, γιατί η περιοχή μοσχοβολούσε. Εμείς τους πηγαίναμε μεζέδες για να φάνε και αυτοί κάποιες φορές μάς έφερναν μπουκάλια με κρασί», θυμάται ο ίδιος με νοσταλγία.

Σήμερα, όπως λέει ο κύριος Φώτης, η κοινότητα στη Γερμανία έχει μικρύνει πολύ. Μπορεί όλο και περισσότερος κόσμος να ανεβαίνει πάνω για δουλειά αλλά «εμείς είχαμε μεράκι να ασχοληθούμε και να στήσουμε τραπέζια και γιορτές. Τώρα αυτά δεν τα βλέπεις τόσο συχνά».
(άρθρο ελαφρώς διασκευασμένο της Ιωάννας Μπαλαλέ, www.voria.gr)

**Ερωτήσεις**

1. «Το θρησκευτικό αίσθημα το σέβεσαι ό,τι γλώσσα και να μιλάς»: να αναπτύξετε το περιεχόμενο της πρότασης σε μία παράγραφο.

2. Γιατί πιστεύετε ότι οι Έλληνες που ζουν στο εξωτερικό πρέπει να τηρούν τα έθιμα και τις παραδόσεις;

**Κείμενο**

## Η Αποκριά

Αποκριά σημαίνει αποχή από το κρέας. Προετοιμάζει τον άνθρωπο ψυχικά και σωματικά για την περίοδο του Πάσχα και την Ανάσταση. Η περίοδος της Αποκριάς θεωρείται κατεξοχήν περίοδος εκτόνωσης, μια περίοδος κατά την οποία ο άνθρωπος ξεφεύγει από την καθημερινότητά του και μεταμφιέζεται.

Παλαιότερα το καρναβάλι γινόταν παντού στην Ελλάδα με μασκαράδες ομαδικούς, χορούς, γλέντια, σάτιρα και διάφορα ιδιαίτερα έθιμα σε κάθε μέρος. Ήταν ευκαιρία για ξεφάντωμα, κρασί και χίλια δυο πειράγματα. Μεγαλύτερα κέντρα του αποκριάτικου ξεφαντώματος ήταν, όπως και σήμερα, η Πάτρα με το περιβόητο πατρινό καρναβάλι, που έχει τις ρίζες του στις αρχές του 19ου αιώνα, η Πλάκα στην Αθήνα, η Θήβα με τον περίφημο "βλάχικο γάμο", η Κοζάνη με τους ωραίους φανούς της, υπαίθρια γλέντια γύρω από φωτιές σε διάφορες γειτονιές της. Κάθε χρόνο αναβιώνει στη Νάουσα το έθιμο "Γενίτσαροι και Μπούλες" που έχει τις ρίζες του στην Τουρκοκρατία.

Οι Γενίτσαροι (Γιανίτσαροι) φορούν φουστανέλες, τσαρούχια, βαριά ασημένια νομίσματα, ενώ στο πρόσωπο φορούν την περίφημη μάσκα από κερωμένο πανί με ζωγραφιστό μουστάκι. Οι Μπούλες είναι επίσης άνδρες, ντυμένοι με γυναικεία παραδοσιακά ρούχα και στο πρόσωπο φορούν βαμμένες μάσκες. Σύμφωνα με το έθιμο, τα χρόνια της Τουρκοκρατίας οι αρματολοί και οι κλέφτες έβρισκαν την ευκαιρία στις Απόκριες να κατεβούν στην πόλη μασκαρεμένοι και να γλεντήσουν με συγγενείς και φίλους χωρίς να τους αναγνωρίσουν οι Τούρκοι.

Στην Ξάνθη, την τελευταία Κυριακή της Αποκριάς έχουμε το "κάψιμο του Τζάρου". Ο Τζάρος ή Τζάρους είναι ένα ανθρώπινο ομοίωμα, που τοποθετούν πάνω σε πουρνάρια στο κέντρο της πλατείας. Εκεί οι κάτοικοι καίνε τον Τζάρο για να μην υπάρχουν ψύλλοι το καλοκαίρι, σύμφωνα με την παράδοση. Στη συνέχεια ρίχνουν εκατοντάδες πυροτεχνήματα.

Ξεχωριστή θέση στις αποκριάτικες εκδηλώσεις στην Ελλάδα κατέχει το καρναβάλι της Πάτρας. Διάφορα καλλιτεχνικά δρώμενα, θεατρικές παραστάσεις, το καρναβάλι των παιδιών και άλλα που κεντρίζουν το ενδιαφέρον του κόσμου και γίνονται πόλος έλξης πολλών επισκεπτών. Οι εκδηλώσεις κορυφώνονται την τελευταία Κυριακή της Αποκριάς με τη Μεγάλη Παρέλαση των Αρμάτων και των Καρναβαλιστών.

(κείμενο διασκευασμένο από www.eclass31.weebly.com)

**Ερωτήσεις**

1. Να σημειώσετε **Σωστό** ή **Λάθος** στα παρακάτω, σύμφωνα με το κείμενο:

α. Αποκριά σημαίνει αποχή από το κρέας            Σ    Λ

β. Το καρναβάλι στην Ελλάδα γιορτάζεται παντού με τον ίδιο τρόπο Σ    Λ

γ. Το καρναβάλι της Νάουσας έχει τις ρίζες του στην αρχαιότητα    Σ    Λ

δ. Το μεγαλύτερο καρναβάλι γίνεται στην Πάτρα         Σ    Λ

ε. Στην Ξάνθη την Κυριακή της Αποκριάς κάνουν παρέλαση    Σ    Λ


2. Να περιγράψετε πώς γιορτάζεται το καρναβάλι στη Γερμανία και τι είδους έθιμα υπάρχουν.


3. Να κάνετε την αντιστοίχιση στις παρακάτω γιορτές, εκδηλώσεις και ευχές:


Πρωτοχρονιά                        Ζήτω το ΟΧΙ

Πάσχα                            Να ζήσετε!

Γενέθλια                        Να σας ζήσει!

Ονομαστική γιορτή            Χριστός Ανέστη

Γάμος                            Καλή χρονιά

Βάφτιση                       Να τα εκατοστήσεις!

Επέτειος 28$^{ης}$ Οκτωβρίου       Χρόνια πολλά


**Παραγωγή λόγου**

Σε ένα κείμενο 120-150 λέξεων να περιγράψετε μία σημαντική για εσάς γιορτή και πώς την περνάτε με την οικογένειά σας.

## Σύνταξη

### Εναντίωση - Παραχώρηση

Η εναντίωση και παραχώρηση στη νεοελληνική γλώσσα εκφράζεται με τους συνδέσμους αν και, και αν, παρόλο που, μολονότι, ενώ, και να, κλπ.

### Παραδείγματα

**Ακόμη και αν** επιμένει, δε θα υποχωρήσω.

**Αν και** δεν είναι ιδιαίτερα ψηλός, παίζει καλό μπάσκετ.

### Άσκηση

Να συμπληρώσετε το πρώτο ή δεύτερο τμήμα των προτάσεων με εναντίωση ή παραχώρηση.

α. ..................................., ωστόσο έβαλα κάποια κιλά.

β. Την απέλυσαν,..................................................

γ. ..................................., εγώ θα υπερασπιστώ την αλήθεια.

δ. ..................................., δε θα πήγαινα.

ε. Τον προσέλαβαν στην εταιρεία, ...............................

στ. ..................................., ωστόσο έδωσε ένα μεγάλο ποσό για τους άστεγους.

ζ. ..................................., αυτός μου συμπεριφέρθηκε άσχημα.

η. Αναγκάστηκα να συμφωνήσω μαζί της, ...............................

θ. ..................................., ωστόσο την αναγνώρισα.

**Γραμματική**

**Α. Άκλιτα ουσιαστικά**

Κάποια ουσιαστικά που προέρχονται από ξένες λέξεις δεν κλίνονται. Ορισμένα από αυτά είναι τα εξής:

ο μάνατζερ, ο ντετέκτιβ, το στιλό, το μετρό, το μαγιό, η σπεσιαλιτέ, το ραντεβού, κλπ.

**Β. Διπλόκλιτα ουσιαστικά**

Τα διπλόκλιτα ουσιαστικά στον πληθυντικό αριθμό σχηματίζουν δύο γένη ή είναι διαφορετικού γένους και έχουν διπλή κλίση, π.χ. ο βράχος – οι βράχοι – τα βράχια.

**Ασκήσεις**

1. Να σχηματίσετε και τους δύο πληθυντικούς, όπου υπάρχουν, στα παρακάτω διπλόκλιτα:

ο λόγος

ο λαιμός

ο πλούτος

ο χρόνος

ο δεσμός

ο αδερφός

ο ουρανός

2. Να συμπληρώσετε τα κενά με τα παρακάτω ουσιαστικά:

α. Σήμερα έχω πολλά ............... (ραντεβού) και δε θέλω να με ενοχλήσει κανείς.

β. Η εταιρεία είχε επενδύσει πολλά στην εμπειρία του ................... (μάνατζερ).

γ. Τα ............. (ταξί) σε κάθε ευρωπαϊκή πόλη έχουν και διαφορετικό χρώμα.

δ. Μου αρέσει πολύ το χρώμα του ............... (στιλό) που αγόρασες.

ε. Όλες οι ................ (σπεσιαλιτέ) του μαγαζιού είναι πεντανόστιμες!

στ. Χάλασε πάλι το ................... (ασανσέρ) και πρέπει να ανεβώ με τα πόδια.

ζ. Η φετινή κολεξιόν των ............... (μαγιό) είναι πανέμορφη.


**Ορθογραφία**

Όλα τα ρήματα που η κατάληξή τους είναι σε -**ώνω** γράφονται με -**ω**. Έτσι, έχουμε: απλώνω, σιδερώνω, τελειώνω, κλπ.

**Άσκηση**

Συμπληρώστε τα παρακάτω ρήματα, συνεχίστε την πρόταση και προσέξτε την ορθογραφία:

Ο Κώστας ............. (παγώνω)

Οι μαθητές .............(ανταμώνω)

Η μητέρα ............... (σιδερώνω)

Η Στέλλα................(τελειώνω)

Τα παιδιά................(μαλώνω)

## Άσκηση εμπέδωσης

Να συμπληρώσετε τα ουσιαστικά και τα ρήματα όπου χρειάζεται, κάνοντας τις απαραίτητες προσθήκες:

α. Τα .............. (αδερφός) μου συνεχώς ............. (μαλώνουν) για μικροπράγματα.

β. Τηλεφωνήσαμε να έρθουν δύο ................. (ταξί) να μας πάρουν, γιατί είχαμε διαφορετικά ................. (ραντεβού) ο καθένας.

γ. Με τόση βροχή που έπεσε είναι σα να άνοιξαν ............. (ουρανός). Ευτυχώς που δεν είχα .............. (απλώνω) ρούχα.

δ. Υπάρχουν πολλοί .............. (λόγος) που ακόμη και την ημέρα .................... (κλειδώνω) την εξώπορτα του σπιτιού.

ε. Μετά το μπάνιο πλύναμε και ................. (απλώνω) όλα τα ............. (μαγιό).

στ. Δυστυχώς .................... (πλούτος) δε φέρνουν την ευτυχία.

ζ. Με ................... (χρόνος) θα καταλάβει το λάθος του.

η. Με το να ................. (βιδώνω) και να ................. (ξεβιδώνω) συνέχεια τις βίδες, χάλασες το ποδήλατο.

η. Οι παλιοί συμμαθητές ................. (ανταμώνω) ξανά μετά από πολλά ............... (χρόνος).

θ. «Να προσέχεις .................... (βράχος)!», μου είπε η μητέρα μου. «Είναι απόκρημνα».

# 10η Ενότητα

# Με αεροπλάνα και τρένα ταξιδεύουμε

Στην ενότητα αυτήν θα μάθεις ή και θα θυμηθείς:

√ **Τα** διάφορα μεταφορικά μέσα

√ **Τη** σημασία της μετακίνησης με τα δημόσια μέσα για το περιβάλλον

√ **Την** αξία και σημασία ενός ταξιδιού για τον άνθρωπο

√ **Τις** μετακινήσεις των ανθρώπων παλαιότερα

√ **Πώς** εκφράζουμε το αποτέλεσμα και συμπέρασμα

√ **Το** επίθετο πολύς-πολλή-πολύ

√ **Την** ορθογραφία των ρημάτων σε -αινω

**Κείμενο**

## Από το αεροπλάνο

Αγαπητά μου ανίψια,

Σας είχα τάξει, την τελευταία φορά, να σας μιλήσω για το αεροπορικό μου ταξίδι στα Γιάννενα.

Είναι συνταρακτικό ένα αεροπορικό ταξίδι, όταν το κάνεις για πρώτη φορά. Νόμισα πως θα φοβηθώ πολύ και σας αποχαιρέτησα με τη σκέψη ένα ένα, ανιψάκια. Τι τα θες, άλλο είναι να νιώθεις τη γη στέρεη από κάτω σου, κι άλλο να γίνεσαι… πουλί.

Έλα όμως που είχα και τόση περιέργεια, να δω πώς θα 'ναι αυτό το περίφημο ταξίδι. Όλα ήταν για μένα καινούργια: το αεροδρόμιο, η αεροσυνοδός, το κλείσιμο μέσα στο μεγάλο κουτί, ύστερα που σου λένε να δέσεις τη ζώνη (εκεί δα μετανόησα λιγάκι που είχα μπει), ύστερα το τρέξιμο του αεροπλάνου μέσα στο διάδρομο απογειώσεως και το ελάχιστο διάστημα που σταματάει, να πάρει λες ανάσα για τη μεγάλη στιγμή που θα ξεκολλήσει από τη γη. Εκείνη την ώρα σού φαίνεται σαν ζωντανό πλάσμα που μαζεύει τη δύναμή του, και άθελά σου μαζεύεις κι εσύ τη δύναμή σου για να μοιραστείτε την προσπάθεια.

Η προσπάθεια σε ανεβάζει τώρα όλο και πιο πάνω, κι η γη πλαταίνει στα πόδια σου. Βλέπεις τους ανθρώπους που κάνουν μπάνιο στη Γλυφάδα, τ' αυτοκίνητα, πιο μικρά, πιο μικρά, και τώρα πια έχεις κάτω σου έναν ωραίο ανάγλυφο χάρτη, με στρωτή γαλάζια θάλασσα, κιτρινωπά βουνά, πράσινους λεκέδες από βλάστηση. Να ο Ισθμός της Κορίνθου, να ο Κορινθιακός, κι οι ακτές της Ρούμελης με τις αμέτρητες πτυχές: εδώ, μας λένε, είναι το Αιγαίο, κάτω στο βάθος το Μεσολόγγι. Ύστερα η Ακαρνανία με τις λίμνες… Βουνά, βουνά, χάνεις το νου σου από την κακοτράχαλη γη, όλο πέτρα. Λιγοστά τα δάση στις πλαγιές, μικρά τα χωριουδάκια κι η πρασινάδα γύρω τους φτωχή, καταλαβαίνεις με τι μόχθο κάνουν τούτοι οι άνθρωποι τη γη να δώσει τον καρπό της. Κι όμως παντού, στις κοιλάδες, στις πλαγιές, στα ριζά των βράχων, χαραγμένα με υπομονή τ' αμέτρητα δρομάκια και μονοπάτια που ενώνουν τους ανθρώπους. Θυμήθηκα κάτι που είχα διαβάσει σ' ένα βιβλίο που αγαπούσα πολύ στα νιάτα μου, τα Ψηλά Βουνά του Παπαντωνίου:

«Ο δρόμος δε γίνεται μόνο για λίγους ανθρώπους. Τον φτιάνουν λίγοι και τον χαίρονται πολλοί. Ο δρόμος είναι για όλο τον κόσμο. Είναι για τον πλούσιο και το φτωχό, για τον άρχοντα και το ζητιάνο. Με το δρόμο, ένα βουνό ανταμώνει με το άλλο βουνό, μια πολιτεία δίνει το χέρι στην άλλη…»

Έτσι όπως τους βλέπεις ολοκάθαρα από κει πάνω τους δρόμους, πυκνό δίχτυ που ζώνει τα βουνά και τους κάμπους, σε κάνουν ν' αγαπάς και να θαυμάζεις τον άνθρωπο. Που μικρός σαν μυρμήγκι, αθέατος από κει ψηλά, κατόρθωσε να χαράξει με αναλλοίωτα σημάδια στο πρόσωπο της γης την ανάγκη του για επικοινωνία, για συνεννόηση, για φιλία με τους άλλους ανθρώπους.

Αυτή μου φαίνεται είναι η πιο ζωηρή εντύπωση που κράτησα από το ταξίδι μου.

Σας φιλώ ανιψάκια,

Η θεία Νεραντζούλα


(Λίνα Κάσδαγλη, Από το αεροπλάνο. Απόσπασμα από το Ανθολόγιο για τα παιδιά του Δημοτικού, Β΄ μέρος)

**Ερωτήσεις**

1. Να περιγράψετε τα συναισθήματα της συγγραφέως στο πρώτο της ταξίδι με αεροπλάνο.

2. Να εντοπίσετε 5 εικόνες μέσα στο κείμενο.

3. Να περιγράψετε ένα δικό σας ταξίδι με αεροπλάνο που σας έμεινε αξέχαστο.

**Κείμενο**

## Ένα ταξίδι

*Ο Πέτρος και ο Στέλιος συζητούν για τις καλοκαιρινές τους διακοπές και πώς τους φάνηκε το ταξίδι τους από τη Γερμανία στην Ελλάδα. Ο Πέτρος ταξίδεψε με αυτοκίνητο και ο Στέλιος με αυτοκίνητο και πλοίο. Ας παρακολουθήσουμε το διάλογο.*

- Πέτρος: Καλώς το Στέλιο. Τι κάνεις φίλε μου; Γυρίσατε από τις διακοπές βλέπω.

- Στέλιος: Γυρίσαμε, ναι. Ταλαιπωρία μεγάλη βέβαια, αλλά άξιζε.

- Πέτρος: Και σε μας το ίδιο. Πρώτη φορά αποφάσισαν οι γονείς μου να πάμε στην Ελλάδα με το αυτοκίνητο, αλλά να σου πω την αλήθεια προτιμώ το αεροπλάνο.

- Στέλιος: Βασικά και εγώ, αλλά μου άρεσε και το ταξίδι με πλοίο. Μόλις φτάσαμε στο λιμάνι της Αγκόνα, ανεβήκαμε σε ένα τεράστιο καράβι με πολλούς ορόφους.

- Πέτρος: Τι ωραία! Δεν έχω ανεβεί ποτέ σε καράβι. Πες μου πώς ήταν.

- Στέλιος: Στην αρχή φοβήθηκα λίγο, αλλά μετά μου άρεσε πάρα πολύ. Οι γονείς μου είχαν κλείσει καμπίνα για να κοιμηθούμε. Έτσι, θα ταξιδεύαμε πιο ξεκούραστα. Με το που ξεκινήσαμε, άρχισα την εξερεύνηση.. και εντυπωσιάστηκα! Είχε εστιατόρια, μαγαζιά, καζίνο, παιδότοπο, αίθουσες που μπορούσες να δεις τηλεόραση.. ήταν φανταστικό ταξίδι! Και βέβαια όταν ξημέρωσε, η θέα της θάλασσας από το κατάστρωμα ήταν μαγευτική. Για πες μου τώρα εσύ για την εμπειρία σου.

- Πέτρος: Εμείς ξεκινήσαμε το βράδυ από τη Γερμανία και περάσαμε πολλές χώρες και σύνορα. Το πιο κουραστικό απ' όλα ήταν ότι περιμέναμε πολλές ώρες μέχρι να περάσουμε τα σύνορα. Βέβαια μέσα σε όλα αυτά, υπήρχε και κάτι ευχάριστο. Οι γονείς μου είχαν κλείσει ένα δωμάτιο σε ξενοδοχείο, για να διανυκτερεύσουμε σε μία πανέμορφη πόλη της Ουγγαρίας. Μπόρεσα να δω πολύ όμορφα τοπία και να πάω μια βόλτα. Φάγαμε όλοι μαζί έξω το βράδυ και πραγματικά το απόλαυσα. Μου κίνησες την περιέργεια όμως να μπω σε πλοίο!

- Στέλιος: Ίσως όταν μεγαλώσουμε λίγο, να κάνουμε μαζί ένα τέτοιο ταξίδι!

(επιμέλεια κειμένου, Σ. Δημοπούλου)

**Ασκήσεις**

1. Να χρησιμοποιήσετε λέξεις από το κείμενο, για να συμπληρώσετε τα κενά:

α. Ήταν μεγάλη ...................... το ταξίδι μας.

β. Μπορέσαμε να ...................... σε μία πανέμορφη πόλη.

γ. Δεν έχω ...................... ποτέ μου σε πλοίο.

δ. Εγώ πάντως ...................... το αεροπλάνο από το αυτοκίνητο.

ε. Εμείς είχαμε ...................... καμπίνα στο καράβι.

στ. Η ...................... της θάλασσας ήταν εκπληκτική.

2. Να αντιστοιχίσετε τα σωστά:

| | |
|---|---|
| ποδήλατο | ακτοπλοΐα |
| καράβι | σιδηρόδρομος |
| λεωφορείο | υπόγειος |
| αυτοκίνητο | άσκηση |
| αεροπλάνο | συνεχείς στάσεις |
| τρένο | πιλοτήριο |
| μετρό | οδικό ταξίδι |

3. Με τις λέξεις της άσκησης 2 να γράψετε προτάσεις.

**Εργασία**

Να συγκρίνετε σε δύο στήλες δύο μέσα μαζικής μεταφοράς. Να εντοπίσετε τα πλεονεκτήματα και μειονεκτήματα αυτής της επιλογής.

**Παραγωγή διαλόγου**

Συζητάτε με φίλες/φίλους για το πώς θα οργανώσετε το ταξίδι σας το καλοκαίρι. Κάποιοι είναι της γνώμης να ταξιδέψετε με τρένο και λεωφορείο, ενώ άλλοι αεροπορικώς. Κάντε το διάλογο και αναπτύξτε ανάλογα επιχειρήματα.

**Παραγωγή λόγου και διαθεματική εργασία**

1. Σε ένα κείμενο 120-150 λέξεων περιγράφετε ένα ταξίδι που θα θέλατε να κάνετε και δεν έχει πραγματοποιηθεί ακόμη. Να αναφερθείτε στους λόγους που θέλετε να το πραγματοποιήσετε, καθώς και στο τι θα σας προσφέρει τελικά.

2. Με τη βοήθεια του διαδικτύου, ψάξτε πληροφορίες για το πώς μετακινούνταν οι άνθρωποι στα παλιά χρόνια. Συγκεντρώστε φωτογραφικό υλικό και παρουσιάστε το στην τάξη.

**Επεξεργασία εικόνων**

(πηγή εικόνων, www.pixabay.com)

Στις παραπάνω εικόνες διακρίνονται δύο διαφορετικοί ταξιδιωτικοί προορισμοί. Αφού τις περιγράψετε, να δηλώσετε την προτίμησή σας για έναν από τους δύο εξηγώντας παράλληλα και τους λόγους.

## Σύνταξη

### Αποτελεσματικές ή συμπερασματικές προτάσεις

Το αποτέλεσμα ή συμπέρασμα στη νέα ελληνική εκφράζεται με τους συνδέσμους ώστε, που, ώστε να, π.χ. Πέρασαν τόσο ωραία στο νησί, που ήθελαν να ξαναπάνε.

### Άσκηση

Να συμπληρώσετε το δεύτερο μέρος της πρότασης:

α. Ήταν τόσο κουραστική η δουλειά που έκανε,……………………………

β. Έπρεπε να φύγει πολύ γρήγορα,……………………………………

γ. Έχει τόσο καλό καιρό σήμερα, ………………………………………..

δ. Η πολύμηνη ανεργία του τού δημιούργησε πολλά οικονομικά προβλήματα,……………………………………………………………...

ε. Μιλά τόσο όμορφα, ………………………………………………

στ. Είναι τόσο ήρεμος άνθρωπος, ………………………………………..

## Γραμματική – Ορθογραφία

Η κλίση του επιθέτου **ο πολύς – η πολλή – το πολύ**

| ο πολύς | η πολλή | το πολύ |
|---|---|---|
| του πολλού και πολύ | της πολλής | του πολλού και πολύ |
| τον πολύ | την πολλή | το πολύ |
| οι πολλοί | οι πολλές | τα πολλά |
| των πολλών | των πολλών | των πολλών |
| τους πολλούς | τις πολλές | τα πολλά |

* Προσοχή! Ως επίρρημα γράφεται πάντα με ένα λ και υ! Έτσι, λέμε: μου αρέσει **πολύ**.

**Άσκηση**

Να συμπληρώσετε το πολύς – πολλή – πολύ στις παρακάτω προτάσεις:

α. Σήμερα έριξε ……………. βροχή!

β. ……….. κόσμος μαζεύτηκε σήμερα στην πλατεία.

γ. …………… οικογένειες στην Ελλάδα έχουν δικό τους σπίτι.

δ. Με ευχαριστεί ………… να κάνουμε ………… πράγματα μαζί.

ε. Τα αυτιά μου βουίζουν στον …………. θόρυβο.

στ. Μα πόσο …………. φαγητό μου έβαλες!

ζ. Σε …………… κορίτσια αρέσει να κάνουν βόλτα στην αγορά.

η. Άλλαξες ……… από την τελευταία φορά που σε είδα.


**Ρήματα σε -αινω**

Όλα τα ρήματα που τελειώνουν σε -αινω γράφονται με **αι**. Εξαιρούνται μόνο τα πλένω, δένω, μένω και τα σύνθετά τους, όπως αναμένω, ξεδένω κλπ.


**Ασκήσεις**

1. Να συμπληρώσετε τις καταλήξεις των ρημάτων με **-αι** και -ε:

α. Ανεβ….νουν τα σκαλιά και ξανακατεβ……νουν γρήγορα.

β. Περιμ…νω κάθε πρωί το λεωφορείο.

γ. Τα γλυκά παχ….νουν, αλλά δεν μπορώ να αντισταθώ.

δ. Όταν αρρωστ…νω, με φροντίζει η μητέρα μου.

ε. Δε χορτ……νω να πηγ……νω βόλτες στα μαγαζιά.

στ. Όταν πηγαίνω στη θάλασσα, μπ....νω και βγ....νω συνέχεια στο νερό.

ζ. Κάνει αρκετό κρύο σήμερα, αλλά ευτυχώς ο ήλιος μας ζεστ....νει.

η. Κάθε φορά που πηγαίνω στο δάσος, μου αρέσει να ανασ....νω βαθιά.

θ. Δε μ...νω με τίποτα το καλοκαίρι στη Γερμανία!

ι. Μην επιμ...νεις σε παρακαλώ για κάτι που δε γνωρίζεις.

ια. Η θάλασσα στο σημείο αυτό βαθ...νει απότομα.

2. Να συμπληρώσετε την κλίση των παρακάτω ρημάτων:

| εγώ δένω | εμείς | εγώ |
| εσύ | εσείς πηγαίνετε | εσύ ξεπλένεις |
| αυτός/ή/ό | αυτοί/ές/ά | αυτός/ή/ό |
| εμείς περιμένουμε | εγώ | εμείς |
| εσείς | εσύ | εσείς μένετε |
| αυτοί/ές/ά | αυτός/ή/ό κατεβαίνει | αυτοί/ές/ά |

# 11<sup>η</sup> Ενότητα

## Παιδιά όλου του κόσμου

Στην ενότητα αυτήν θα μάθεις ή και θα θυμηθείς:

√ **Τη** σημασία της παγκόσμιας Ειρήνης

√ **Για** τη διαβίωση των παιδιών σε φτωχές χώρες

√ **Για** τη διαβίωση των παιδιών σε ανεπτυγμένες χώρες

√ **Για** την ανάγκη να βοηθάμε τα ανήμπορα παιδιά

√ **Πώς** μπορεί ο καθένας να βοηθήσει

√ **Πώς** εκφράζεται ο σκοπός

√ **Την** προσωπική αντωνυμία

**Κείμενο**

## Τα παιδιά όλου του κόσμου

Δυο παιδιά, δυο πεφταστέρια
Δεν τα βρήκε η ευχή
Και βρεθήκαν απ' τ' αστέρια
Σ' ένα πόλεμο στη γη

Τότε ζήτησαν μια χάρη
Τρομαγμένα τα παιδιά
Ένα τόπο με φεγγάρι
Και φωλιές για τα πουλιά

Τα παιδιά όλου του κόσμου
Που δεν είχαν τυχερό
Στου πελάγου τις αλάνες
Ψάχνουν σε γοργόνες μάνες
Ένα χάδι στοργικό

Τα παιδιά όλου του κόσμου
Που δεν μάθαν το «γιατί»
Στου πελάγου τις αλάνες
Ψάχνουν με γοργόνες μάνες
Τη χαμένη τους ζωή

Μες το πέλαγος βρεθήκαν

Με μια βάρκα στα βαθιά

Κι οι ψυχούλες τους χαρήκαν

Πως θα ζούσαν πιο καλά


Μα η βάρκα βγήκε άδεια

Βρήκε κύματα θεριά

Που είχαν πνίξει στα σκοτάδια

Τα ξυπόλητα παιδιά

(Στίχοι: Αργύρης Χατζηνάκης, Μουσική: Ανδρέας Λάμπρου,

Φωνητικά: Γλυκερία και παιδική χορωδία Τυπάλδου)


**Ερωτήσεις - Εργασίες**

1. Να μεταγράψετε σε κείμενο το παραπάνω τραγούδι.

2. Σε ποια παιδιά αναφέρεται ο δημιουργός του τραγουδιού και τι εικόνες και συναισθήματα ξυπνά;

3. Ψάξτε στο διαδίκτυο το τραγούδι και ακούστε το στην τάξη.

4. Προσπαθήστε να σχεδιάσετε τις εικόνες που «βλέπετε» μέσα από τους στίχους.

5. Προσπαθήστε να γράψετε δικούς σας στίχους σχετικούς με το παραπάνω θέμα. Εργαστείτε ατομικά ή ομαδικά.

## Συνοδευτικές εικόνες

(πηγή εικόνων, www.pixabay.com)

## Εργασία

Αφού περιγράψετε τις εικόνες και εντοπίσετε τις διαφορές, να γράψετε μία παράγραφο σχετική με την παιδική φτώχεια και τις συνθήκες διαβίωσης αυτών των παιδιών, αλλά και των αντίστοιχων που ζουν σε ανεπτυγμένα και πλούσια κράτη. Αντλήστε πληροφορίες και από το διαδίκτυο.

## Κείμενο

### Με λένε Μαλάλα

Η Μαλάλα γεννήθηκε το 1997 στην κοιλάδα Σουάτ του Πακιστάν. Η φωνή της ακούστηκε πρώτη φορά σε διεθνές επίπεδο, όταν σε ηλικία έντεκα ετών άρχισε να γράφει σε ιστολόγιο / "blog" για τη ζωή υπό το καθεστώς των Ταλιμπάν. Τον Οκτώβριο του 2012, η Μαλάλα έγινε στόχος των Ταλιμπάν και πυροβολήθηκε στο κεφάλι επιστρέφοντας σπίτι της με το σχολικό λεωφορείο. Επέζησε από θαύμα και μεταφέρθηκε σε εξειδικευμένο νοσοκομείο του Μπέρμιγχαμ της Αγγλίας. Από τότε που οι Ταλιμπάν ανέλαβαν την εξουσία, το σχολείο μας δεν έχει πλέον επιγραφή στην είσοδό του, και η περίτεχνη μπρούντζινη πόρτα στη μέση του άσπρου τοίχου απέναντι απ' τη μάντρα του ξυλοκόπου δε δίνει το παραμικρό στοιχείο για το τι κρύβεται πίσω της.

Για μας τα κορίτσια, η πόρτα εκείνη ήταν σαν μια μαγική είσοδος στον δικό μας, ξεχωριστό κόσμο. Καθώς τη διαβαίναμε χοροπηδώντας, πετούσαμε τις μαντίλες μας στον αέρα σαν τον άνεμο που φυσά τα σύννεφα πέρα, για να βγει ο ήλιος, κι έπειτα ανεβαίναμε τρέχοντας μπουλούκι τα σκαλιά. Στο πλατύσκαλο βρισκόταν μια ανοιχτή αυλή με πόρτες που οδηγούσαν σ' όλες τις τάξεις. […]

Πηγαίναμε σχολείο έξι πρωινά την εβδομάδα, και καθώς ήμουν δεκαπέντε χρονών και στην ένατη σχολική χρονιά, τα μαθήματά μου περιλάμβαναν την απαγγελία χημικών τύπων ή τη γραμματική της γλώσσας ουρντού· εκθέσεις γραμμένες στα αγγλικά, με ηθικά διδάγματα όπως «Όποιος βιάζεται, σκοντάφτει», ή σχεδιασμό διαγραμμάτων της κυκλοφορίας του αίματος – οι πιο πολλές μου συμμαθήτριες ήθελαν να γίνουν γιατροί. Δύσκολα φαντάζεσαι ότι οποιοσδήποτε θα μπορούσε να δει μια τέτοια φιλοδοξία ως απειλή. Κι ωστόσο, έξω απ' τις πόρτες του σχολείου μας απλωνόταν όχι μονάχα ο σαματάς και το χάος της Μινγκόρα, της μεγαλύτερης πόλης του Σουάτ, μα και η παραφροσύνη ανθρώπων όπως οι Ταλιμπάν, που θεωρούν ότι τα κορίτσια δεν πρέπει να πηγαίνουν σχολείο.

Το πρωινό εκείνο είχε ξεκινήσει όπως όλα, αν και λίγο πιο αργά απ' ό,τι συνήθως. Ήταν η περίοδος των εξετάσεων, οπότε το σχολείο άρχιζε στις εννιά αντί για τις οχτώ. Εγώ κοιμόμουν στο μακρόστενο δωμάτιο στο μπροστινό μέρος του σπιτιού και η μόνη επίπλωση ήταν ένα κρεβάτι κι ένα ντουλάπι που είχα αγοράσει με μερικά απ' τα χρήματα ενός βραβείου, που είχα κερδίσει για τη συμμετοχή μου στην εκστρατεία για την ειρήνη στην κοιλάδα μας και για το δικαίωμα των κοριτσιών στην εκπαίδευση. […]

Το σχολείο δεν απείχε πολύ από το σπίτι μας και συνήθως πήγαινα με τα πόδια, μα απ' την αρχή της περσινής χρονιάς γύριζα σπίτι με το σχολικό, επειδή η μητέρα μου φοβόταν να μ' αφήνει να γυρίζω μόνη. […] Στο δρόμο μας δεν μπορούσες να μπεις με αμάξι, οπότε το σχολικό με άφηνε στον κάτω δρόμο πλάι στο ρέμα· από εκεί περνούσα μια καγκελωτή πύλη κι ανέβαινα κάτι σκαλιά. Πίστευα ότι, αν ποτέ δεχόμουν επίθεση από κάποιον τρομοκράτη, θα ήταν σ' εκείνα τα σκαλιά. Αναρωτιόμουν τι θα 'κανα σε μια τέτοια περίπτωση. Μπορεί να έβγαζα τα παπούτσια μου και να του τα πέταγα, αλλά έπειτα σκεφτόμουν πως, αν έκανα κάτι τέτοιο, δε θα υπήρχε καμιά διαφορά ανάμεσα σε μένα και τον τρομοκράτη. Θα ήταν καλύτερο να τον παρακαλέσω, λέγοντας: «Σύμφωνοι· πυροβόλησέ με, μα πρώτα άκουσέ με. Αυτό που κάνεις είναι λάθος. Δεν έχω τίποτε εναντίον σου προσωπικά, απλώς θέλω όλα τα κορίτσια να έχουν δικαίωμα στην εκπαίδευση».

Δε φοβόμουν, αλλά είχα αρχίσει να φροντίζω να παραμένει κλειδωμένη η μάντρα τη νύχτα, και να ρωτάω τον Θεό τι συμβαίνει, όταν πεθαίνεις. Είχα μιλήσει για όλα αυτά στην κολλητή μου τη Μονίμπα, με την οποία μοιραζόμασταν τα πάντα. Το όνειρό της ήταν να γίνει σχεδιάστρια μόδας· ήξερε βέβαια ότι η οικογένειά της δε θα το δεχόταν ποτέ, γι' αυτό κι έλεγε σε όλους ότι θέλει να γίνει γιατρός. Είναι δύσκολο για τα κορίτσια στην κοινωνία μας να γίνουν οτιδήποτε άλλο εκτός από δασκάλες ή γιατροί – κι αυτό αν μπορέσουν γενικά να εργαστούν.

(Απόσπασμα από το βιβλίο «Με λένε Μαλάλα», της Μαλάλα Γιουσαφζάι. Πατάκης)

**Ερωτήσεις**

1. Να περιγράψετε τη ζωή της Μαλάλα με δικά σας λόγια σε ένα κείμενο το πολύ 50 λέξεων.

2. Ποια προβλήματα αντιμετώπιζε ένα κορίτσι της ηλικίας της;

3. «Δεν έχω τίποτε εναντίον σου προσωπικά, απλώς θέλω όλα τα κορίτσια να έχουν δικαίωμα στην εκπαίδευση». Να εξηγήσετε τη φράση σε μία παράγραφο.

**Παραγωγή λόγου**

1. Το σχολείο σας προγραμματίζει μία εκδήλωση που αφορά τα παιδιά και τη ζωή τους στις σημερινές κοινωνίες. Γράφετε ένα κείμενο 150 λέξεων περίπου σχετικά με τη ζωή ενός παιδιού σε μια σύγχρονη κοινωνία και τις δυνατότητες που του προσφέρει.

2. Σε ένα κείμενο να αναφερθείτε στους τρόπους που μπορεί να συμβάλει ο καθένας από εμάς, το σχολείο αλλά και η κοινωνία, ώστε να βοηθήσουμε στην καλύτερη διαβίωση των παιδιών που έχουν την ανάγκη μας. Τι μπορούμε να κάνουμε; Ποιες δράσεις θα προτείνατε εσείς ως εκπρόσωπος της τάξης σας;

## Σύνταξη - Τελικές προτάσεις

Στη νέα ελληνική ο σκοπός εκφράζεται συνήθως με τους ακόλουθους συνδέσμους και φράσεις: να, για να, με σκοπό να. Οι προτάσεις αυτές ονομάζονται τελικές.

## Άσκηση

Να συμπληρώσετε το τμήμα της πρότασης που παραλείπεται:

α. Έφυγε γρήγορα, ……………………………………………………………..

β. Ήρθε τρέχοντας, ………………………………………………………………

γ. Περιμένει υπομονετικά, …………………………………………………..

δ. Μόλις τελειώσει τις σπουδές σκοπεύει…………………………………

ε. …………………………, πρέπει πρώτα να τελειώσεις τα μαθήματά σου.

στ. …………………………, πρέπει να ξυπνήσω από τα χαράματα.

ζ. Τους είπε ένα αστείο, ………………………………………………………

η. Ο γνωστός πολιτικός θα βρίσκεται αύριο στο κέντρο της πόλης, ……………………………………………………………………………………

θ. ……………………………, προτίμησε να μην απαντήσει στις κατηγορίες.

ι. Κάνουμε ανακύκλωση, ………………………………………………………

# Γραμματική

**Θυμάμαι** την προσωπική αντωνυμία και την κλίση της σε ενικό και πληθυντικό. Οι δεύτεροι τύποι ονομάζονται αδύνατοι και δεν τονίζονται.

| εγώ | εσύ | αυτός-ή-ό |
|---|---|---|
| εμένα, μου | εσένα, σου | αυτού-ής-ού |
| εμένα, με | εσένα, σε | (του-της-του) |
| | | αυτόν-ήν-ό |
| | | (τον-την-το) |
| εμείς | εσείς | αυτοί-ές-ά |
| εμάς, μας | εσάς, σας | αυτών-ών-ών |
| εμάς, μας | εσάς, σας | αυτούς-ές-ά |
| | | (τους-τες/τις-τα) |

**Παραδείγματα:**

**Μου** είπες την αλήθεια;

**Τους** είπες ψέματα (αυτούς).

**Τις** έστειλα πρόσκληση (αυτές).

Δεν **τον** ανάγκασα να δεχτεί (αυτόν).

**Σας** άρεσε το γεύμα;

**Της** είπες τι συνέβη;

**Σε** προσκάλεσε στο πάρτι;

**Μας** ενθουσίασε η παράσταση!

# Ασκήσεις

Στα παρακάτω να συμπληρώσετε τα **μου**, **με**, **σου**, **σε**, (εμάς) **μας**, (εσάς) **σας**:

α. Η μαμά μου ήθελε να ……. πάει για κούρεμα.

β. ......... αποκάλεσε τεμπέλη, ενώ είσαι πολύ εργατικός.

γ. ................. προσκάλεσε στο πάρτι οικογενειακώς, ενώ ......... όχι.

δ. Η φίλη μου .............. έστειλε ένα μήνυμα για χρόνια πολλά.

ε. ......... αρέσει πολύ όταν πηγαίνουμε διακοπές στην Ελλάδα.

στ. ......... πηγαίνει πολύ το νέο σου στιλ!

ζ. ...... χαρακτήρισε αγενή, αλλά προσπάθησα να είμαι όσο πιο ευγενική μπορούσα.

η. Τι ....... είπα τις προάλλες που ........ ρώτησες για αυτόν τον καθηγητή;

θ. Το πρωί ..... ξύπνησε ένας τρομακτικός θόρυβος.

ι. Αποκάλυψε και ...... σένα το μυστικό της;


Να συμπληρώσετε τα **τον**, **την**, **του**, **της**, **τους**, **τις/τες**:

α. .......... υπενθύμισα τις υποχρεώσεις του απέναντι στα νέα του καθήκοντα.

β. .......... μίλησε τρυφερά, σα να ήταν δικό του παιδί.

γ. ..... ενόχλησε το γεγονός ότι από την αρχή ...... έκρυψε την αλήθεια.

δ. Ορισμένες μαθήτριες ........ αρέσει στο διάλειμμα να συζητούν.

ε. .......... ανακοίνωσα την παραίτησή μου.

στ. Πες ........ ότι θα λείψω για περίπου δύο ώρες.

ζ. ......... είπα να φύγει και να μην ξαναγυρίσει ποτέ.

η. ........... έδιωξε από την προπόνηση, γιατί η συμπεριφορά της ήταν απαράδεκτη.

θ. ..... υποχρέωσε να παρευρεθούν στην εκδήλωση, παρόλο που αυτοί δεν ήθελαν.

ι. Η αστυνομία ..... απομάκρυνε από το γήπεδο.

# 12η Ενότητα

## Διακοπές!!

Στην ενότητα αυτήν θα μάθεις ή και θα θυμηθείς:

√ **Για** τη σημασία των διακοπών

√ **Για** τους τουριστικούς προορισμούς

√ **Για** τη σωματική και ψυχολογική αξία των διακοπών

√ **Να** αφηγείσαι τις διακοπές που θα σου μείνουν αξέχαστες

√ **Τα** απρόσωπα ρήματα

√ **Την** αναφορική αντωνυμία

**Κείμενο**

**Πάμε διακοπές;**

(πηγή εικόνων, www.pixabay.com)

Χτύπησε και το τελευταίο κουδούνι για φέτος επιτέλους. Τι κουραστική χρονιά κι αυτή! Διάβασμα, διαγωνίσματα, τεστ… ουφ.. και τώρα διακοπές! Η καλύτερη εποχή του χρόνου για τα παιδιά, αλλά και τους μεγάλους. Αγαπώ ιδιαίτερα αυτή την εποχή για διάφορους λόγους.

Πρώτα απ' όλα γιατί κλείνουν τα σχολεία και θα μπορώ να κοιμάμαι όσο θέλω και να κάθομαι ως αργά το βράδυ βέβαια! Το καλύτερο για μένα όμως είναι ότι κάθε χρόνο οι γονείς μου προγραμματίζουν να κάνουμε διακοπές σε κάποιο νησί. Λατρεύω τα νησιά! Μου αρέσει τόσο πολύ να βουτάω στα καταγάλανα νερά της θάλασσας, να εξερευνώ το βυθό, να ψάχνω για σπάνια κοχύλια και βότσαλα.

Εκτός από αυτό, οι βόλτες στο νησί το βράδυ είναι μαγικές. Τα άσπρα σπιτάκια και οι εκκλησίες με το μπλε καμπαναριό, τα πλακόστρωτα στενά δρομάκια, τα μικρά μαγαζιά, ο κόσμος που περπατά ξένοιαστος…. Να μην ξεχάσω βέβαια και τις τοπικές σπεσιαλιτέ, τις οποίες φροντίζουν οι γονείς μου να δοκιμάζουμε σε κάθε νέο μας ταξίδι.

Πολύ βασικό για μένα βέβαια είναι και το γεγονός ότι όλη η οικογένεια περνά χρόνο μαζί. Σε όλη τη διάρκεια του χρόνου, επειδή οι γονείς μου εργάζονται πολύ, σπανίως βρισκόμαστε και κάνουμε όλοι μαζί διάφορες δραστηριότητες. Οι διακοπές είναι το ιδανικό μέρος για χαλάρωση, ξεκούραση, συζήτηση και απόδραση από την καθημερινότητα. Γελάμε πολύ, παίζουμε στη θάλασσα και μοιραζόμαστε στιγμές που μου μένουν αξέχαστες και με συνοδεύουν τις κρύες και δύσκολες μέρες του χειμώνα.

Φέτος αποφασίσαμε να πάμε σε ένα νησί του Ιονίου, τη Ζάκυνθο. Έχω διαβάσει πολλά γι' αυτό το νησί και η μεγαλύτερη επιθυμία μου είναι να επισκεφθώ την περίφημη παραλία Ναυάγιο, στην οποία ένα πλοίο που μετέφερε παράνομο φορτίο ναυάγησε εκεί το 1980 και από τότε έγινε πόλος έλξης για πολλούς τουρίστες. Εκτός όμως από τη Ζάκυνθο, θα πάμε και στην Αθήνα. Θέλουμε να ανεβούμε στον Ιερό Βράχο της Ακρόπολης, να δούμε από κοντά τον Παρθενώνα, αλλά και να επισκεφθούμε το Νέο Μουσείο Ακροπόλεως. Δεν έχω πάει ποτέ στην Αθήνα και είναι από τις πόλεις που θα ήθελα να δω από κοντά. Η ουσία είναι όμως ότι ξεκινούν οι διακοπές μου και η χαρά μου δεν κρύβεται!                (επιμέλεια κειμένου, Σ. Δημοπούλου)

**Ερωτήσεις**

1. Για ποιους λόγους οι καλοκαιρινές διακοπές ενθουσιάζουν το μαθητή; Συμφωνείτε μαζί του;

2. «Οι διακοπές είναι το ιδανικό μέρος για χαλάρωση, ξεκούραση, συζήτηση και απόδραση από την καθημερινότητα». Να αναλύσετε την πρόταση σε μία παράγραφο.

3. Να βρείτε στο κείμενο τα επίθετα και να τα μεταφέρετε στα τρία γένη (π.χ. ιδανικός-ιδανική-ιδανικό).

**Κείμενο**

### Τόκιο

Η Ιαπωνία είναι εντυπωσιακή, κι η αίσθηση αυτή ξεκινάει από τ' αεροδρόμιο, μόλις φτάνεις. Η σωστή οργάνωση στην αίθουσα υποδοχής δεν επιτρέπει κανένα λάθος, καμία παρεξήγηση. Ο επιβάτης θα περάσει τον υγειονομικό έλεγχο, τον τελωνειακό και τα διαβατήρια, δίχως να προλάβει να σκεφτεί τις πιθανές δυσκολίες. Οι υπάλληλοι σου δίνουν την αίσθηση πως περιμένουν ακριβώς εσένα, να σ' εξυπηρετήσουν. Όσο να ξεμπερδέψεις τις σύντομες διαδικασίες για να σε δεχτούνε στην Ιαπωνία, οι αποσκευές είναι κιόλας πάνω στην κορδέλα και στριφογυρίζουνε. Στην Ιαπωνία όλα δουλεύουνε σαν καλολαδωμένη μηχανή.

Βγαίνοντας, καλά θα κάνεις να πάρεις το λεωφορείο ως το τέρμιναλ. Η διαδρομή είναι μεγάλη, μιάμιση ώρα και βάλε. Το ταξί στην Ιαπωνία είναι ίσως τέσσερις φορές πιο ακριβό από την Ελλάδα. Φτάνω αργά στο ξενοδοχείο, κοντά στα μεσάνυχτα, μα έχω την αίσθηση πως το Τόκιο είναι μια πόλη νεκρή. Οι δρόμοι έρημοι, τα μαγαζιά κλειστά, οι επιγραφές σκοτεινές. Το Τόκιο, από τις μεγαλύτερες πόλεις στον κόσμο, είναι μια βιομηχανική πόλη με περιορισμένη νυχτερινή ζωή.

Το ξενοδοχείο είναι μεγάλο, εμπορικό, τυποποιημένο. Οι υπάλληλοι στην υποδοχή συνεχίζουν τη δουλειά, αδιάφοροι για την παρουσία μου. Λέω σε κάποιον πως έχω κλείσει δωμάτιο, κι αμέσως αλλάζει το σκηνικό. Βιάζεται να μ' εξυπηρετήσει, χαμογελαστός, πρόθυμος. Πρώτη εμπειρία: στην Ιαπωνία μην περιμένεις να σε ρωτήσουν. Πρέπει να ζητήσεις κάτι, για να ενδιαφερθούν. [...]

Στο ξενοδοχείο αλλάζω τα βρεμένα ρούχα μου, κάνω κι ένα ζεστό μπάνιο, καλού κακού. Δεν έχω φάει μετά το πλούσιο πρωινό, και πεινάω σαν λύκος. Στο ξενοδοχείο έχει δυο παραδοσιακά εστιατόρια, ένα δυτικό, και την καφετερία. Θα φάω γιαπωνέζικα, να δω πώς είναι.

Στο εστιατόριο, η περιπέτεια της συνεννόησης. Στον περιποιητικό μετρ, που σιμώνει, μιλάω αγγλικά. Θέλω να φάω γιαπωνέζικα, του λέω, μα δεν καταλαβαίνω τίποτα απ' τη γιαπωνέζικη κουζίνα, και τον παρακαλώ να μου διαλέξει το μενού. Χαμογελάει αμήχανα, και τον παρεξηγώ, νομίζω πως δεν κατάλαβε. Ρωτάω αν υπάρχει κάποιος να μιλάει αγγλικά, για να συνεννοηθώ. Απαντά πως μιλάει αγγλικά, και με προσκαλεί μαζί του, να διαλέξω. Αποφεύγει την ευθύνη να διαλέξει για λογαριασμό μου, έστω κι αν τον βεβαιώνω πως, αν δε μ' αρέσει το φαγητό, δικό μου λάθος.

Η εκλογή στην Ιαπωνία δε γίνεται στην κουζίνα, μα στη βιτρίνα του μαγαζιού. Εκθέτουν όλα τα φαγητά του μενού, φτιαγμένα με πορσελάνη, με τις τιμές τους δίπλα, για να μην ξαφνιαστείς στο λογαριασμό. Τα πιάτα που μου δείχνει έχουν κρέας ωμό, ψάρι ωμό, και θαλασσινά, κι όλα τα συνοδεύουν πολλά χορταρικά, μανιτάρια, κρεμμύδια, μακαρόνια, και δε θυμάμαι τι άλλο.

Το κρέας και το ψάρι, ωμά, με κάνουν και διστάζω, και διαλέγω τα θαλασσινά. Παρόλο που διαλέγω μόνος μου, ο μετρ κοντοστέκεται, μου εξηγεί πώς τα βράζουν, και δεν ξέρει αν θα μ' αρέσουν . Επιμένω, το ωμό κρέας και το ψάρι τα φοβάμαι περισσότερο, κι ας λέει ό,τι θέλει ο μετρ. Η περιποίηση είναι πριγκιπική. Τρεις κοπέλες με κιμονό με βολεύουνε σ' ένα τραπεζάκι, ρωτάνε αν πρέπει να μου φέρουν τα ορεκτικά, που συνοδεύουν κάθε γιαπωνέζικο τραπέζι. Βέβαια, όλα.

Οι κοπέλες μού φέρνουν ένα σωρό μπολ με περίεργα φαγητά, που δεν καταλαβαίνω, λογιώ λογιώ σάλτσες, και τ' απαραίτητο ωμό κρέας και το ψάρι που τόσο πάσκισα ν' αποφύγω. Αρνιέμαι το πιρούνι που μου φέρνουν, και πιάνω ένα φαρδύ ξυλαράκι, μέσα σ' ένα πιάτο. Το χρησιμοποιώ για κουτάλι, και τσακώνω έναν από τους μεζέδες που μου φέρνουν. Γελάνε όλοι, κι επεμβαίνει ο μετρ. Με μια γρήγορη κίνηση χωρίζει το φαρδύ ξυλαράκι σε δυο στενά, μου δείχνει πώς να τα κρατήσω, για να τσακώνω το φαΐ.

Η μεγαλύτερη σερβιτόρα, μεσόκοπη, μ' επίσημο μαύρο κιμονό, αναλαβαίνει να με περιποιηθεί. Μου δείχνει πώς ν' ανακατέψω τις σάλτσες, ποια πηγαίνει με το ψάρι, ποια με το κρέας, τι ταιριάζει στους άλλους μεζέδες. Το ωμό κρέας και το ψάρι γλιστράνε από τα ξυλαράκια μέσα στη σάλτσα, μα τελικά τα καταφέρνω. Παρά το δισταγμό μου, στην αρχή, τα τρώω μ' ευχαρίστηση.

Στο μεταξύ μου φέρνουν ένα μάτι με αέριο, το συνδέουνε στο τραπέζι μου. Βάζουν πάνω ένα πήλινο τσουκάλι με νερό, κι η σερβιτόρα, χαμογελαστή, ρίχνει μέσα στο νερό που βράζει, λίγα λίγα, τα χορταρικά και τα θαλασσινά, και τα κομμάτια το ψάρι, κι ό,τι άλλο βρίσκεται στο πιάτο.

Τρώω μέσα από ένα μπολ, και μου το γεμίζει συνέχεια απ' το τσουκάλι. Χρησιμοποιεί δυο μακριά ξυλαράκια για σερβίρισμα, σκαλισμένα και λακαρισμένα, πολυτελή. Τα δικά μου, πρόχειρα, θα πεταχτούνε μετά τη χρήση. Κάθε τόσο με σερβίρει σάκι, το γιαπωνέζικο ρακί, που το ζεσταίνουνε για να το πιουν. Το πιάτο είναι τεράστιο, όχι όμως βαρύ. Το αποτελειώνω, πεινασμένος καθώς είμαι, άλλωστε οι Γιαπωνέζοι δε δίνουν ψωμί. Το ίδιο το φαγητό θα το 'λεγα άγευστο, αν δεν ήταν οι πικάντικες σάλτσες.

Η σερβιτόρα μου, αφού ψαρέψει και το τελευταίο χορταρικό, και το τελευταίο μακαρόνι μέσα από το τσουκάλι, μου σερβίρει ύστερα και το νερό, να το πιω για κονσομέ. Δεν έχει άδικο, είναι νόστιμο, τόσα πράματα έχουνε βράσει μέσα. Στο παραδοσιακό εστιατόριο με περιποιηθήκανε σαν να 'μουν πρίγκιπας, κι ύστερα με βάλαν να πληρώσω για την περιποίηση· λογικό. Ο λογαριασμός έξι χιλιάδες γιεν.

Μια δεύτερη εμπειρία: στην Ιαπωνία έχει περισσότερη σημασία ο τρόπος που θα σε σερβίρουν, από το ίδιο το φαΐ.

(Ν. Κάσδαγλης, Τόκιο, απόσπασμα. «Δρόμοι της στεριάς και της θάλασσας», Κέδρος)

## Ερωτήσεις

1. Ο συγγραφέας ταξίδεψε στην Ιαπωνία τη δεκαετία του 1980. Ποιες είναι οι εντυπώσεις του μόλις φτάνει; Τι παρατηρεί;

2. Πώς περιγράφει ο αφηγητής την ιεροτελεστία του φαγητού; Να επισημάνετε τα εκφραστικά μέσα που χρησιμοποιεί (εικόνες, επίθετα, κλπ.).

3. Έχετε κάνει διακοπές σε κάποιο ξένο κράτος; Αν ναι, τι ήταν αυτό που σας εντυπωσίασε; Περιγράψτε την εμπειρία σας.

4. Να κάνετε την αντιστοίχιση:

| | |
|---|---|
| ταξιδιωτική | φίλους |
| καλοκαιρινές | το βυθό |
| νησιωτική | εμπειρία |
| εξερευνώ | διακοπές |
| μαζεύω | Ελλάδα |
| συναντώ | κοχύλια |

## Παραγωγή λόγου και διαθεματική εργασία

1. Στέλνετε ένα mail στην καλύτερή σας φίλη/στον καλύτερό σας φίλο και την/τον προσκαλείτε να σας επισκεφθεί στις καλοκαιρινές της/του διακοπές. Της/Του γράφετε πώς θα περνάτε τη μέρα σας, καθώς και τις διάφορες δραστηριότητες που μπορείτε να κάνετε.

2. Με τη βοήθεια του διαδικτύου, συγκεντρώστε πληροφορίες για διάφορα μέρη στην Ελλάδα, όπου μπορεί κάποιος να περάσει τις διακοπές του (θάλασσα, βουνό, ποτάμι, λίμνη, χωριό) και παρουσιάστε τις στην τάξη με

φωτογραφικό υλικό συνοδευόμενο από ένα κείμενο. Στο κείμενο θα περιγράψετε το μέρος που επιλέξατε, χρησιμοποιώντας το ανάλογο λεξιλόγιο.

## Σύνταξη

### Απρόσωπα ρήματα

Τα απρόσωπα ρήματα βρίσκονται στο τρίτο πρόσωπο συνήθως του ενικού αριθμού. Τα πιο συνηθισμένα απρόσωπα ρήματα είναι: πρέπει, πρόκειται, συμφέρει, συμβαίνει, ενδιαφέρει, ακούγεται, απαγορεύεται, αξίζει, λέγεται, επιτρέπεται, υποτίθεται, φαίνεται, χρειάζεται.

**\* Προσοχή!** Κάποια από τα παραπάνω ρήματα μπορούν να είναι και προσωπικά, π.χ. Φαίνεται πως θα βρέξει (απρόσωπο)

                      Ο κήπος σας φαίνεται μεγάλος (προσωπικό)

### Άσκηση

Να χρησιμοποιήσετε τα ζεύγη των απρόσωπων ρημάτων και να κάνετε προτάσεις:

α. Απαγορεύεται να ................................................................

β. Ακούγεται ότι ................................................................

γ. Αξίζει να ................................................................

δ. Λέγεται πως ................................................................

ε. Δεν επιτρέπεται να ................................................................

στ. Συμβαίνει να ................................................................

ζ. Με συμφέρει να ................................................................

η. Χρειάζεται να ................................................................

θ. Δεν πρέπει να ................................................................

# Γραμματική

## Η αναφορική αντωνυμία ο οποίος, η οποία, το οποίο

| ο οποίος | η οποία | το οποίο |
|---|---|---|
| του οποίου | της οποίας | του οποίου |
| τον οποίο | την οποία | το οποίο |
| οι οποίοι | οι οποίες | τα οποία |
| των οποίων | των οποίων | των οποίων |
| τους οποίους | τις οποίες | τα οποία |

## Άσκηση

Να συμπληρώσετε το σωστό τύπο της αναφορικής αντωνυμίας, χρησιμοποιώντας και προθέσεις όπου χρειάζεται (**να μη συνεχιστεί** η πρόταση με το που):

α. Οι φάκελοι, ………. ήταν επάνω στο γραφείο, είναι πλέον μέσα στο συρτάρι.

β. Τα παιδιά ……………. τα επίθετα αρχίζουν από Α, να περάσουν μπροστά.

γ. Τα συρτάρια ………………….. βγάλατε τις μπλούζες σας, παρακαλώ να τα τακτοποιήσετε.

δ. Ο κύριος Βελένης, ……………….. η περιουσία χάθηκε, έχει μεταναστεύσει για πάντα στην Αμερική.

ε. Τα μαχαίρια ………………. κόβετε το κρέας, είναι πανάκριβα.

στ. Η γνωστή δημοσιογράφος, ............... η φήμη είναι πολύ καλή, βρέθηκε στη δεξίωση της ναυτιλιακής εταιρείας, ώστε να κάνει τις συνεντεύξεις με ανώτερα στελέχη.

ζ. Να παραχωρήσετε τις μπροστινές θέσεις σε αυτούς ............... έχουν προβλήματα κινητικά.

η. Η θεατρική παράσταση ................. παρακολουθήσαμε χθες ήταν καταπληκτική.

θ. Οι ιδιοκτήτες ................. ανήκουν τα πολυτελή ακίνητα, καλούνται να πληρώσουν περισσότερο φόρο.

ι. Τα ζευγάρια ..................... κληρώθηκαν να παίξουν οι ομάδες, είναι ομολογουμένως δύσκολα.

ια. Τα προϊόντα ............................. η ημερομηνία λήξης έχει περάσει, να μην τα τρώτε.

ιβ. Το εστιατόριο ......................... φάγαμε τις προάλλες, ήταν εξαιρετικό.

ιγ. Στο διαγώνισμα ....................... γράψατε προχθές, πήγατε πολύ καλά.

ιδ. Σε όλα τα θέματα .......................... τον απασχολούν σοβαρά, επιδεικνύει μεγάλη ψυχραιμία.

ιε. Κάνετε πολλή φασαρία τις ώρες κοινής ησυχίας ....................... υποτίθεται πως πρέπει να ησυχάζουμε.

## Βιβλιογραφία

- Νεοελληνική Γλώσσα Α΄ Γυμνασίου. Οργανισμός Εκδόσεων Διδακτικών Βιβλίων. Αθήνα: Διόφαντος

- Ανθολόγιο Λογοτεχνικών Κειμένων Ε΄ και ΣΤ΄ Δημοτικού. Οργανισμός Εκδόσεων Διδακτικών Βιβλίων. Αθήνα: Διόφαντος

- Κείμενα Νεοελληνικής Λογοτεχνίας Α΄ Γυμνασίου. Οργανισμός Εκδόσεων Διδακτικών Βιβλίων. Αθήνα: Διόφαντος

- Κείμενα Νεοελληνικής Λογοτεχνίας Β΄ Γυμνασίου. Οργανισμός Εκδόσεων Διδακτικών Βιβλίων. Αθήνα: Διόφαντος

- Καθώς μεγαλώνουμε. Επίπεδο τρίτο. Μέρος δεύτερο. Ε.ΔΙΑ.Μ.ΜΕ: Ρέθυμνο 2003

- Κλειδιά της Νεοελληνικής Γραμματικής. Ε.ΔΙΑ.Μ.ΜΕ: Ρέθυμνο

- Γραμματική Νέας Ελληνικής Γλώσσας Γυμνασίου. Οργανισμός Εκδόσεων Διδακτικών Βιβλίων. Αθήνα: Διόφαντος

- Συντακτικό της Νέας Ελληνικής Γλώσσας για το Γυμνάσιο. Οργανισμός Εκδόσεων Διδακτικών Βιβλίων. Αθήνα: Διόφαντος

- Τάνης, Ν., Τα ελληνικά ως δεύτερη γλώσσα. Ινστιτούτο Νεοελληνικών Σπουδών. Ίδρυμα Μ. Τριανταφυλλίδη. Θεσσαλονίκη 2001.

**Ηλεκτρονικές διευθύνσεις**

http://www.greeklanguage.gr/greekLang/modern_greek/foreign/education/word2text/index.html.

http://www.greeklanguage.gr/pubs

http://isocrates.minedu.gov.gr/content_by_cat.asp?catid=48

http://www.ilsp.gr/productsgr1.html

www.users.sch.gr

www.pixabay.com